世界经典文学名著

阅读能让你充满智慧·智慧将带你通向成功

居里夫人的故事

(法)玛丽·居里 著　　廉东星 编

品读经典·传承文明

人民东方出版传媒
東方出版社

世界经典文学名著 名师导读/新阅读

名师导航

帮助学生了解文章内容，提高阅读兴趣。

名师精批

分析词句，引导学生深入理解文章含义。

好句积累

文中精彩句子收集，以便写作借鉴。

好学的玛丽娅

名师导航

玛丽娅到了入学的年纪，终于如愿进入学校看更多的书。那么，玛丽娅在学校里的表现怎么样？她遇到了哪些良师益友呢？

玛丽娅是1873年6岁那年入学的。

开始，玛丽娅像几个姐姐一样，进了希克尔斯佳夫人主办的私立女子寄宿学校。

【叙述说明】 玛丽娅在班上年纪最小，成绩却是最好的。表现了她过人的聪明才智。

她是班上最小的女孩子，比起同学的年龄，她要小两岁，但她那惊人的记忆力和智力，使她的任何学科成绩都永远是班上的第一。

法文、算术、历史等每一样功课都比别的学生优秀得多。当她看书的时候，周围不管是怎么样吵闹，都不会使她分心。因此老师和父母都感到非常惊异。

再难记的诗，只要听人家读过两次，她就能一字不漏地背出来。同学们都以为那是她从前背过的，名家导读，精心批注，扫除阅读障碍，提高阅读和写作能力。

拓展阅读

名师点拨

玛丽娅在学校中表现出了异于常人的记忆力和智力。她长期保持着好成绩，背书流利，学习新知识快速，让同学和家人惊诧不已。而在上课的过程中，她最喜欢的是杜芭丝卡小姐的历史课。

回味思考

1.玛丽娅在学校的哪些表现让同学和家长都感到惊诧？
2.孩子们最喜欢杜芭丝卡小姐的哪一门课？

好词收藏

惊异　一字不漏　佩服　古怪　神采奕奕　崇高　凛然

好句积累

◈ 她是班上最小的女孩子，比起同学的年龄，她要小两岁，但她那惊人的记忆力和智力，使她的任何学科成绩都永远是班上的第一。

◈ 再难记的诗，只要听人家读过两次，她就能一字不漏地背出来。同学们都以为那是她从前背过的，于是再拿许多别的诗来试验她，结果仍然是如此，大家不得不佩服她了。

◈ 其实她有着火一般的热情，只不过被一层冰冷的铁甲紧紧地包围着。

◈ 每当上历史课时，玛丽娅就会觉得杜芭丝卡小姐可爱极了，那并不美丽的脸也突然变得神采奕奕、柔美可爱。

名师点拨
分析文章的深层含义，让学生掌握重点。

回味思考
提出针对性问题，让“读”与“想”紧密结合。

好词收藏
收集精彩词语，丰富写作知识，让写作得心应手。

作品导读

一部传记就是记述某人的生平。没有人活在与世隔绝的真空里，玛丽·居里也不能免俗。通过了解这位杰出科学家在 19 世纪末 20 世纪初的社会大背景下的人生轨迹，我们才能更好地理解她的生活、她的科研工作。她的家庭、朋友和科学界的同行们都在她的故事中出演了重要的角色。他们相互影响了彼此的人生。

《居里夫人的故事》一书回顾了居里夫人这位影响世界进程的伟大女性不平凡的一生。居里夫人出生于波兰华沙的一个知识分子家庭。到法国求学后，与法国物理学家居里结为夫妇。他们先后发现了放射性元素钋和镭，获得了诺贝尔物理学奖。在丈夫不幸去世后，她继续深入研究，再次获得了诺贝尔化学奖。居里夫人品德高尚、意志坚强，是深受人们尊敬的女科学家。

本书除了向读者描述了居里夫人的品质、工作精神、处事态度，以及她在科学领域取得的优异成绩外，还介绍了居里夫人用自己一生为人处世的崇高行为给女儿树立榜样，对女儿的教育也有许多独特的做法。

作者简介

玛丽·居里（1867—1934），通常被称为居里夫人，波兰裔法国籍女物理学家、放射化学家。她是研究放射性现象的先驱，也是两次获得诺贝尔奖的第一人。玛丽·居里还是巴黎大学第一位女教授。她的成就包括开创了放射性理论、发明了分离放射性同位素的技术以及发现两种新元素钋（Po）和镭（Ra）。在她的指导下，人们第一次将放射性同位素用于治疗癌症。

当说到著名女科学家的时候，人们多半会不假思索地说出“玛丽·居里”这个名字。纵观这位科学伟人的一生，我们看到的是一位严肃冷峻、一成不变的女性，她看上去总是死气沉沉、落寞寡欢，这是因为她将满腔热情全都倾注在了科研工作中。可是经过深入探究，我们会发现母亲和姐姐的不幸病逝、伤心的父亲失魂落魄，在她的童年里留下了无法磨灭的心理阴影。

在居里夫人逝世一年后的 1935 年，阿尔伯特·爱因斯坦发表了凭吊演讲《悼念玛丽·居里》，他总结说，所有人出了名就变质，唯有她依然保持着本色。所以毫不奇怪，我们一想到著名女科学家，首先想到的就是玛丽·居里的名字。

人物形象

我们从这本书中可以看到一个出生在波兰首都华沙的普通家庭的女孩，由于自己的刻苦努力，顽强奋斗，以优异的成绩高中毕业之后，只身前往巴黎大学求学。她一边学习一边打工，其苦其累尽在不言中。在与皮埃尔·居里相识、相知，到喜结良缘之后，夫妻二人性格相近，志趣相投，为了科学研究而甘于寂寞，乐于过着清贫的生活，终于发现了新元素——镭，并将它运用到医学上，救死扶伤。第一次世界大战爆发时，她带领医疗队，奔赴各个战区，利用与丈夫共同发明的X光设备，积极地投入到抢救伤病员的行列中去。一位知名的科学家，战争爆发后，在前线又当上了白衣天使，其高尚的精神可歌可泣，可敬可佩。她与丈夫一样，整天待在由于经费不足而设备简陋、条件极差的实验室里，冒着受到有毒气体伤害的危险，为寻找新元素而废寝忘食，先后发现了镭、钋、钍等当时尚不为人所知的这些新的元素。她与丈夫皮埃尔·居里的卓越成就，使她获得了诺贝尔物理学奖，成为该奖历史上第一位女性获奖者。在居里先生不幸遇车祸而英年早逝之后，不到四十岁的她，中年丧夫，一度被这意外的沉重打击所压倒，终日在思念自己的丈夫——科学研究事业上的战友和朋友。最后，她还是把自己的痛苦深埋在心中，一边抚养两个年幼的女儿和照顾年迈的公公，一边继续进行科学探究，终于获得了诺贝尔化学奖，成为荣获两次诺贝尔奖的得主，而且与第一次不同，这一次是她单独获奖，真可谓史无前例，后无来者。

目录

Contents

阅读能让你充满智慧·智慧将带你通向成功

目录

玛丽娅一家

名师导航

玛丽娅，也就是后来的居里夫人，出生在一个怎样的家庭中？因为一次晨读被家人发现天赋的她，还能拥有一个正常快乐的童年吗？她的生活会因此发生什么样的变化吗？

居里夫人出生于1867年11月7日，父亲乌拉狄斯拉夫·斯可罗多夫斯卡是个物理教师，母亲也是一名教师。

对于斯可罗多夫斯卡这样一个老师家庭来说，仅靠夫妇两人当教师的薪金要养活全家7口人，可是不轻的负担呀！而且这个家庭的主妇，身体一直不好，因此，多添一个人吃饭穿衣，并不是一件很让人高兴的事情。

【抒情】表现了这个家庭生活的艰辛和不易，同时也表现出了作者对这种境况的同情。

不过，这个刚出生的小女孩非常漂亮，那对可爱的大眼睛一眨一眨的，似乎对这个陌生的世界充满无限的好奇。

年轻的父母亲欣慰地笑了，给她取名玛丽娅，他们当时恐怕谁也没有想到，他们最小的女儿玛丽娅日后竟在承受了巨大的磨难后，走向了辉煌的人生，为世界做出了永恒的贡献。

父亲斯可罗多夫斯卡先生出生于波兰一个小有名气，而且有族徽的农村贵族地主家庭。

在玛丽娅出生前几个月，他被任命为一所中学的物理教师兼副督学。

【叙述说明】交代了玛丽娅母亲的身世背景，对比她后来放弃事业在家相夫教子，更显出母爱的伟大。

玛丽娅的母亲是一个小地主家的小家闺秀，她是长女，聪明、端庄、温柔的她在华沙一所住宿女子中学毕业后，就留在母校任教，由于她执教有方，很快当上了这所女子中学的校长。

【咬文嚼字】**舍弃**：指选择性的放弃；抛弃；割舍，抛舍。

由于小女儿玛丽娅的出生，再加上身体不好，玛丽娅的母亲有了结核病的初期症状，她只好舍弃自己无限热爱的教育事业，专心在家养育5个子女，当然也附带养病。这时，家庭条件已有了许多改善。

斯可罗多夫斯卡先生任副督学，是行政官员了，因此在中学有一整套公房可以居住。房子宽敞明亮，又有一间在玛丽娅看来很大很大的书房，洁净的大书架上除了整齐、美观的书籍以外，还放着一些闪着美丽金属光辉的天平以及许多其他奇形怪状的仪器。

【叙述说明】交代了玛丽娅家中的成员构成，可见她是家中最小的孩子。

玛丽娅有3个姐姐：大姐素希雅，二姐布罗妮雅，三姐荷拉，还有一个哥哥约瑟夫。约瑟夫哥哥比二姐大，排行第二。大姐虽然只比玛丽娅大5岁，但却在妹妹面前担当老大姐的职务，言行举止颇像一个小大人。

妈妈是玛丽娅心目中的圣母，她秀丽而疲惫的脸上，永远罩着一层慈爱的光辉，让玛丽娅见了心里就感到甜蜜、温暖，她真想扑到妈妈的怀里，在妈妈脸上亲个够，但妈妈给予小女儿最亲密的动作也只是抚摸抚摸她的脸。玛丽娅有时不免不满意地想：

“别人的妈妈为什么总是用嘴亲小孩的脸，而我的妈妈为什么从不亲亲我呢？”

但妈妈那慈祥的眼神，分明透露出无限的爱意呀。

“玛丽娅，我还有事要做……”

妈妈又要赶玛丽娅走了。玛丽娅不愿意走，她想在妈妈身边多待一会儿。

但妈妈坚决地说：

“你最好到花园去，今天天气多美好呀。”

肺结核是很容易传染的，而且在那个时代，肺结核是一种几乎无法用药治愈的可怕的“富贵病”。只有用休息、加强营养的办法慢慢调理，才有望逐渐痊愈。

可是，靠一个中学教师的薪金，怎么能够好好地休息和加强营养呢？

为了避免让几个孩子染上这种可怕的病，妈妈对自己做了严格的规定：不亲小孩，哪怕是最可爱的玛丽娅，也绝不例外！另外一个可靠的办法，就是尽量让小孩子们到户外活动，少在室内待着。

【语言描写】
表现了玛丽娅的失望和不解，也表现了母亲的无奈和隐忍。

【抒情】
用了反问的修辞手法，加重语气，反映了玛丽娅母亲的肺结核痊愈的希望是渺茫的。

每到暑假，就让他们到乡下去。乡下有他们不少亲戚，到处都有他们吃住的地方。

【环境描写】

描绘了波兰村庄的美丽景色，渲染了轻松愉快的氛围，表现了玛丽娅童年生活的美好快乐。

玛丽娅对农村情有独钟。波兰的农村是非常美丽的，那繁花盛开的辽阔原野，绽开的花蕾，在阳光下闪光的小溪，在云间歌唱的云雀……这一切对小小的玛丽娅来说，无疑都浸润在一种欢乐的光辉与和谐里，一切的一切都充满了光明和不可抗拒的喜悦！

在农村，玛丽娅可以大胆地用波兰话讲故事，可以尽情地唱波兰歌曲，而且用不着总是提防爸爸那所学校的校长伊万诺夫。伊万诺夫不学无术，但就因为他是一个俄国人，就有资格当校长。

【抒情】

抒发了内心对伊万诺夫的做法的厌恶和对这种生活的厌烦。

【咬文嚼字】

返璞归真：去掉外饰，还其本质。比喻恢复原来的自然状态。璞：含玉的石头，也指没有琢磨的玉。

他鬼鬼祟祟，常常像鬼魂一样在学校里到处游荡，搞突然袭击，看有哪些学生因疏忽而写了波兰词语，或暗地讲波兰话……啊，那是一种多么屈辱而又难以忍受的生活！

但是，到了农村，一切返璞归真，连空气里都透着一种难以形容的恬适和宁静……

玛丽娅和哥哥、姐姐们在假期里充分地享受着大自然赋予他们的美丽。他们简直成了野孩子。他们的爸爸妈妈都是教育家，知道大自然对于孩子们的重要性。他们放心大胆地让孩子们到田野、树林、小溪中奔跑、嬉戏、欢叫。他们深知，不热爱大自然的人，发展是不完善的；不能陶醉在大自然中的人，注定不会成为伟大的学者。

二姐布罗妮雅有时对学习字母感到厌烦了，就会以“老师”的架子命令小妹妹把纸板上的字母按不同的次序排列，当小妹妹排错了的时候，布罗妮雅就会傲气十足地教训玛丽娅：

“哎呀，你怎么这么可笑呀！这个字母应该放在这儿……喏，这样就对了。”

【语言描写】表现了布罗妮雅作为姐姐的神气，也展现了姐妹俩平日温馨的生活细节。

但布罗妮雅的“老师”没当多久，玛丽娅就让布罗妮雅和父母亲大吃了一惊。

有一天早晨，布罗妮雅正在父母面前结结巴巴地朗读一段简单的课文。

玛丽娅看见二姐那么艰难地朗读，觉得不可理解，于是下意识地把姐姐的课本拿过来，非常流利地念起来……当她正念得十分得意时，忽然发觉室内一片寂静，父母和布罗妮雅都惊讶地望着玛丽娅。玛丽娅被这种寂静吓蒙了，以为自己做出了极不得体的事，就嗫嚅道：

“我不是故意的，我……请你们原谅我……我真不是故意的……”

【语言描写】表现了玛丽娅此时内心的紧张与愧疚，害怕自己做了错事。

其实她理解错了，父母和二姐的突然默不作声，并不是觉得她做了什么不得体的事，而是因为他们感到惊讶：她怎么念得这么好？并没有人教过玛丽娅读书啊！

父母由此发现玛丽娅是一个非常聪明、记忆力特别强的女孩子，这使他们高兴：也许他们的玛丽娅今后可能成为一位杰出的科学家呢！但他们并没有因为发现玛丽娅有天分，就让玛丽娅去看更多的书，提

阅读笔记

早背诵名人的诗歌，提前学习一些课程……他们知道这种拔苗助长的方法，会损害儿童的好奇心和幼小而脆弱的心灵。

【叙述说明】父母正确的教育方式，让天赋异禀的玛丽娅拥有无忧无虑的童年。

他们尽量让玛丽娅少接触书，让她到户外美丽、变幻的大自然中去领略大自然的神韵，倾听大自然的天籁。书本上抽象的内容，开始也许会让孩子感到好奇，但用不了多久，他们就会感到单调、乏味，多半会从此厌恶书籍，或过早地成熟而不愿意接近大自然。那才是教育的真正失败啊！

以后，当玛丽娅想找书看时，妈妈总是委婉地说："亲爱的，你的积木呢？你能够架起一座桥梁吗？"

【语言描写】玛丽娅的母亲总是循循善诱着小玛丽娅，努力让她去接触大自然。表现了母亲的温柔善良。

要不就打开窗户，指着那湛蓝的天空，神往地说："小玛丽娅……瞧，那朵白云多么像一座城堡呀，我们出去仔细瞧瞧，好吗？"

美丽、文雅、温柔的妈妈，会讲许多好听的波兰民间故事和童话故事，还会弹钢琴、唱波兰民间歌谣，当玛丽娅依偎在妈妈身边，听妈妈摇晃着身体唱着动听的歌曲时，她感到这真是生活中最幸福的时刻，这美好的时刻如果能永远延续下去，该有多好啊！

【解释说明】说明玛丽娅不愉快的原因。

可是，小小的玛丽娅也有感到不愉快甚至有些恐惧的时候——那就是爸爸常和一些到家造访的叔叔伯伯低声而愤慨地谈论校长伊万诺夫的种种劣迹。

有一天，玛丽娅和大姐散步回来，听见爸爸和一位同事正在气愤地谈论着什么。

"斯可罗多夫斯卡先生，"那位同事说，"你用不着和伊万诺夫校长去争长论短，不值得与这种人生气……”

“话虽是这么说，”爸爸怒气未消地说，“但他也太过分啦！一个小孩子在作业里由于疏忽写了几个波兰的词语，这对于一个生长和生活在波兰的小孩来说，是完全可以理解的嘛，居然发那么大的火，恶魔般地训斥可怜的学生，我能忍受吗？”

【语言描写】表现了玛丽娅父亲此刻的愤怒，这也从侧面反映了校长伊万诺夫的残暴。

“是啊，可是……”

玛丽娅相信爸爸是世界上最好的人，他从来都不发火，现在却满脸怒气，一定是那个住在大楼右边的校长伊万诺夫太可恶了。

否则，爸爸是不会生气的。

不久，屈辱和悲哀的日子让这个知识分子家庭陷入了可怕的混乱和悲惨的境地。玛丽娅注定要经受人生的第一次炼狱。

【叙述说明】引出下文，玛丽娅的人生转折点就此开始。悲伤开始入侵这个原本幸福的家庭。

拓展阅读

名师点拨

玛丽娅出生在一个温馨的家庭中。知书达理的父母、相亲相爱的哥哥姐姐，还有美丽的波兰村庄，组成了她童年中最美丽的篇章。家人尽管发现了她天资聪颖，但让她照旧生活，没有破坏她的童年。

回味思考

玛丽娅做了一件什么事情让全家吃了一惊?

好词收藏

养活　负担　无限　好奇　欣慰　磨难　永恒　贡献

好句积累

◈ 居里夫人出生于1867年11月7日,父亲乌拉狄斯拉夫·斯可罗多夫斯卡是个物理教师,母亲也是一名教师。

◈ 父亲斯可罗多夫斯卡先生出生于波兰一个小有名气,而且有族徽的农村贵族地主家庭。

◈ 妈妈又要赶玛丽娅走了。玛丽娅不愿意走,她想在妈妈身边多待一会儿。

◈ 肺结核是很容易传染的,而且在那个时代,肺结核是一种几乎无法用药治愈的可怕的“富贵病”。

◈ 波兰的农村是非常美丽的,那繁花盛开的辽阔原野,绽开的花蕾,在阳光下闪光的小溪,在云间歌唱的云雀……

◈ 在农村,玛丽娅可以大胆地用波兰话讲故事,可以尽情地唱波兰歌曲,而且用不着总是提防爸爸那所学校的校长伊万诺夫。

◈ 他鬼鬼祟祟,常常像鬼魂一样在学校里到处游荡,搞突然袭击,看有哪些学生因疏忽而写了波兰词语,或暗地讲波兰话……啊,那是一种多么屈辱而又难以忍受的生活!

◈ 玛丽娅看见二姐那么艰难地朗读,觉得不可理解,于是下意识地把姐姐的课本拿过来,非常流利地念起来……

◈ 其实她理解错了,父母和二姐的突然默不作声,并不是觉得她做了什么不得体的事,而是因为他们感到惊讶:她怎么念得这么好?并没有人教过玛丽娅读书啊!

◈ 他们尽量让玛丽娅少接触书,让她到户外美丽、变幻的大自然中去领略大自然的神韵,倾听大自然的天籁。

命运的转折

名师导航

事情总是难以一帆风顺，而这个幸福家庭似乎也难逃命运的捉弄。究竟发生了哪些事情，让玛丽娅一家人的生活从此变了样？

这些屈辱和悲哀，与波兰整个国家、整个民族的不幸紧密相关。

在18世纪末的1772年、1793年和1795年，波兰先后3次被普鲁士、奥地利和沙俄瓜分，其中俄国是瓜分和灭亡波兰的罪魁祸首。在这3次瓜分中，俄国得到波兰62%的领土，普鲁士得到20%，奥地利得到18%。1815年维也纳会议后，俄国又攫取了奥地利和普鲁士所占领的大部分波兰领土，并在这部分领土上建立了波兰王国，俄国沙皇登上了波兰国王的宝座。

【社会环境描写】交代了当时波兰被殖民者瓜分的社会背景，这是造成后来人民起义的根源。

哪里有压迫，哪里就有反抗。

1863年1月，即玛丽娅诞生3年前，波兰全国有

15个地方同时起义，从1月22日到23日，6000多名起义者向许多沙俄军队驻防地发动了多次进攻。但这次大规模起义，仍然被增援的22万沙皇军队和普鲁士军队合力血腥镇压了下去。在起义后28个月，即1865年4月底，这场英勇的起义彻底失败了。

【咬文嚼字】

增援：增加人力、物力来支援(多用于军事)。

1500多名起义者被处死刑，9000多名革命志士被流放到西伯利亚，还有3万多名起义战士战死在波兰国土上。

这次起义后，沙俄政府在圣彼得堡成立了所谓的“波兰王国事务委员会”，其职能就是要取消一切与波兰有关的东西：波兰王国的下级政府和机构一律取消；城乡所有官府一律使用俄语；官办学校一律使用俄语课本，并进行彻底的奴化教育，以谎言和辱骂代替真实的波兰历史。

【社会环境描写】

交代了起义后，也就是玛丽娅所生活的时代中波兰的社会背景。

正因为有这样长久被异族残酷镇压、占领和统治的特殊历史，波兰人民，尤其是知识分子，在心理上有一种独特的铭记，即一种对国家独立和主权特有的敏感。玛丽娅的父亲，更是一位民族自尊心十分强烈的知识分子，他对形式上已不存在的祖国，从来未敢忘怀。

在家里，他常常向几个孩子讲述可爱的波兰，教他们精通波兰语，唱波兰的革命歌曲，而且在学校里，对于老师私下讲授波兰语和波兰历史，不仅不加反对，还向老师暗示：要机灵，别让伊万诺夫那帮人抓到把柄。

【叙述说明】

俄国的残暴统治和殖民，激发了玛丽娅父亲的爱国心。

但久而久之，俄国统治者知道了这种非常让他们恼恨的事情，校长在得到许多确凿的小报告后，决心要铲除这位“不识相”的副督学。

1873年秋季，6岁的玛丽娅要上学了，这使玛丽娅感到高兴极了：现在我是学生了，妈妈和爸爸总不会再有什么理由反对我多看书吧？

但与这种欢欣、兴奋同时而来的打击让全家一下子陷入了悲惨的境地。妈妈的肺病越来越严重，不断地吐血，以往美丽、温柔的妈妈，现在完全变了样儿，人们再也无法从这位病妇身上想象她以前的风韵。

【过渡】

玛丽娅的高兴与家人将要面对的悲剧形成对比，更反衬出其中的悲凉。这句话将这两种情况连接起来，起到承上启下的作用。

祸不单行，正在这时，伊万诺夫校长罢免了任职6年之久的副督学斯可罗多夫斯卡先生。这样一来，爸爸虽然还可以继续教书，但一是工资减少，二是要搬出学校免费提供的宽敞住宅，自己到校外去租房住。

这真是“屋漏偏逢连夜雨”！

【抒情】

抒发了因为接二连三的厄运而产生的无奈和悲痛之情。

斯可罗多夫斯卡先生只好到校外寻找住处。但家境的困难怎么克服呢？久病的妻子需要治疗，5个儿女要上学……刚直不阿、绝不肯奴颜婢膝的斯可罗多夫斯卡先生勇敢地挑起了这副重担。他决定在租来的房子中再收几个住宿的学生。这事当然得和孩子们商量一下。他把5个孩子招到身边婉转地说：

“有几个外地学生想找住宿的地方，我想，你们的妈妈去疗养了，我们就可以腾出一间房子让几个学生来住，当然，他们要交饭钱和房租。我想，住进来两三个人还是可以的吧？”

荷拉在什么时候都能使自己快乐起来，听了爸爸的话，她高兴地大声说：

【语言描写】 荷拉对爸爸的想法表示赞同，表现了她的善解人意和乐观的性格。

“爸爸还可以辅导这些学生！我看呀，爸爸只要把这消息透露出去，保准报名的人多得很，我们可得挑选那些最好的学生啊！”

爸爸凄然而充满爱意地对荷拉说：

“你总是会夸大事情……”

【叙述说明】 孩子们为了妈妈都毫无怨言地接受了这种新的生活方式，表现了他们的成熟懂事。

为了妈妈的健康，为了克服穷困带来的许多问题，5个孩子非常明白应该做出何种选择。

开始只收了3个寄宿生，后来逐渐增加到10个。斯可罗多夫斯卡的外孙女艾芙几十年后写道：

“后来……寄宿生增加到5个、8个、10个。这些都是从他的学生里挑选出来的年轻小伙子，他供给他们食宿和个别辅导。这所房子变得像一个吵闹的磨坊，家庭生活的亲密感完全消失了。”

拓展阅读

名师点拨

玛丽娅的父亲违背了俄国殖民者的命令，在学校里教孩子们波兰文化，因此遭到降职。而此刻，母亲的病情也恶化了。无可奈何的父亲只能在家中接收住宿的孩子，以此来获得足够的收入。

回味思考

1.校长为什么要罢免玛丽娅的父亲?

2.玛丽娅的父亲采取了什么方式来增加家中的收入?

好词收藏

屈辱　悲哀　不幸　罪魁祸首　攫取　任命　起义

好句积累

◈1500多名起义者被处死刑,9000多名革命志士被流放到西伯利亚,还有3万多名起义战士战死在波兰国土上。

◈玛丽娅的父亲,更是一位民族自尊心十分强烈的知识分子,他对形式上已不存在的祖国,从来未敢忘怀。

好学的玛丽娅

名师导航

玛丽娅到了入学的年纪，终于如愿进入学校看更多的书。那么，玛丽娅在学校里的表现怎么样？她遇到了哪些良师益友呢？

玛丽娅是1873年6岁那年入学的。

开始，玛丽娅像几个姐姐一样，进了希克尔斯佳夫人主办的私立女子寄宿学校。

她是班上最小的女孩子，比起同学的年龄，她要小两岁，但她那惊人的记忆力和智力，使她的任何学科成绩都永远是班上的第一。

【叙述说明】玛丽娅在班上年纪最小，成绩却是最好的。表现了她过人的聪明才智。

法文、算术、历史等每一样功课都比别的学生优秀得多。当她看书的时候，周围不管是怎么样吵闹，都不会使她分心。因此老师和父母都感到非常惊异。

再难记的诗，只要听人家读过两次，她就能一字不漏地背出来。同学们都以为那是她从前背过的，于是再拿许多别的诗来试验她,结果仍然是如此,大家不得不佩服她了。

就是在做习题的时候,她也比别人快得多,别人要3个钟头才能做得完的,她只需要1个钟头就够了。

教她数学和历史的老师杜芭丝卡小姐是一位多少有些古怪的人,她常常对玛丽娅的那种固执和不肯随意屈服的性格感到恼火。

杜芭丝卡小姐总是穿一身黑色衣服,还常常板着脸,似乎这世界上没有什么东西值得她欣慰,也似乎她与欢乐从来就没有缘分。

【外貌描写】杜芭丝卡小姐的神情和衣着让她看起来冷漠而不可一世。

但如果你因此而以为她是一个没有情感的人,那就大错特错了。

其实她有着火一般的热情,只不过被一层冰冷的铁甲紧紧地包围着。

一个带着亡国奴身份而又充满爱国激情的知识女性,有这样矛盾的表现恐怕并不令人吃惊。

每当上历史课时,玛丽娅就会觉得杜芭丝卡小姐可爱极了,那并不美丽的脸也突然变得神采奕奕、柔美可爱。

玛丽娅和同学们会十分严肃而且多少带点神秘、崇高的情感,激动地听着杜芭丝卡小姐讲述那永远让人无法忘怀的波兰历史。

“同学们,”杜芭丝卡小姐脸庞上透出一股凛然不可侵犯的神情,低声而颇有力度地说:

【语言、神态描写】表现了杜芭丝卡小姐对波兰历史的崇敬,这也解释了听课的孩子们对于这门课所怀着的崇高情感。

“在14世纪中叶，波兰国王瓦迪斯瓦夫一世重新统一波兰时……”

有一次，老师让玛丽娅复述上次历史课讲述的要点。玛丽娅非常激动地站起来回答：

“波兰历史是从波莱斯拉夫建立皮阿斯特王朝开始的……1385年以后，波兰和立陶宛在抵抗共同的敌人——德意志条顿骑士团的侵犯时，两个大公国合并，建立了波兰共和国；1596年，华沙成为波兰共和国首都，那时，我们的波兰成为欧洲的泱泱大国……

“不幸的是，到1654年，沙皇俄国发动了对我国的侵略战争，波兰被肢解、分割了。”

讲到这儿，她喘了一口气，然后又愤怒地指责说：“国王斯坦斯拉夫缺乏勇气，这是波兰的不幸。”

杜芭丝卡小姐向玛丽娅赞许地点了一下头，让她坐下。

玛丽娅喜欢杜芭丝卡小姐的历史课，因为她告知了学生们历史的真相。而真实，对玛丽娅来说像空气和水一样重要。但不幸的是，她和大家有时都得被迫说谎，讲一些违心的话。

【咬文嚼字】

泱泱：指水流的声音很大；形容深远广大的样子。

【语言描写】

表现了玛丽娅的正义凛然，以及对波兰深深的爱国情。

拓展阅读

名师点拨

玛丽娅在学校中表现出了异于常人的记忆力和智力。她长期保持着好成绩，背书流利，学习新知识快速，让同学和家人惊诧不已。而在上课的过程中，她最喜欢的是杜芭丝卡小姐的历史课。

回味思考

1.玛丽娅在学校的哪些表现让同学和家长都感到惊诧？

2.孩子们最喜欢杜芭丝卡小姐的哪一门课？

好词收藏

惊异　一字不漏　佩服　古怪　神采奕奕　崇高　凛然

好句积累

◈ 她是班上最小的女孩子，比起同学的年龄，她要小两岁，但她那惊人的记忆力和智力，使她的任何学科成绩都永远是班上的第一。

◈ 再难记的诗，只要听人家读过两次，她就能一字不漏地背出来。同学们都以为那是她从前背过的，于是再拿许多别的诗来试验她，结果仍然是如此，大家不得不佩服她了。

◈ 其实她有着火一般的热情，只不过被一层冰冷的铁甲紧紧地包围着。

◈ 每当上历史课时，玛丽娅就会觉得杜芭丝卡小姐可爱极了，那并不美丽的脸也突然变得神采奕奕、柔美可爱。

督学的突袭检查

名师导航

在俄国殖民者的眼皮底下学习波兰文化固然是很危险的。那么，玛丽娅所在的班级会遇到什么危机呢？她们又是如何应对的？

有一天，杜芭丝卡小姐正讲得入神时，忽然，

“零——零——零——”

教室里的电铃响了起来。

“来啦！”

不知是谁低低地叫了一声，教室里马上起了一阵骚动，老师和学生的脸色都变了。

【场面描写】将老师和同学们面对突袭检查时从容镇定、一丝不乱的应对经过描绘了下来。

站在讲台上的杜芭丝卡老师立即收拾起课本。学生们也赶忙收起桌子上放着的波兰文的书和簿子，急忙交给坐在教室角落里的五个同学。这五个同学把书本藏在围裙底下，悄悄地走到通往宿舍的门旁，把这些书本藏在门旁的阴暗处，然后又装作

若无其事地回来坐在位置上。

那动作的敏捷，前后也不过几秒钟的工夫哩！

不久，教室的门开了，一个剪着短发、戴着一副金边眼镜的胖男人挺着大肚子走了进来。这便是华沙市立学校的督学霍恩堡鲁克。在他的身后跟着女校长希克尔斯佳，校长的脸色看来很苍白。

【外貌描写】 大腹便便的督学和面色惨白的校长，从侧面反映了情况的紧张。

今天，电铃响后不久，督学便很快地走了进来，所以校长很担心学生们是不是已经把书本藏好了。

所有的书桌上都摆着裁缝工作的用具，学生们都一本正经地缝纫着。

讲台上的杜芭丝卡老师则翻开一本俄文书，念得很起劲儿。

希克尔斯佳校长看到这种情景才松了一口气。

督学不怀好意地扫视了一下教室内，问老师：

“现在是学裁缝的时间吗？”

【语言描写】 表现了督学的心怀不轨，总希望能抓住学校的一些把柄。

他的声音是冷酷的，令人听了不寒而栗。

“督学先生，我们今天只缝纫两小时。”

“恐怕刚才还在教波兰文吧？”

“学生们缝着东西的时候，我还给他们朗诵罗夫斯基的短篇小说呢！”

督学做了一个怀疑的表情，顺手打开身旁一个学生的书桌查看，可是里面什么都没有。

这时希克尔斯佳校长和杜芭丝卡老师互视了一下。

假如督学知道前一刻钟在这教室里的老师和学生在做些什么，那可就不得了啦！

阅读笔记

【社会环境描写】

介绍了当时的社会背景：不让学习波兰文化。正是在这样的背景下，才产生了督学突袭检查这种做法。

波兰学校不仅不能上波兰文，连波兰历史也是被禁止教授的。

可是各学校都背地里偷偷地教着波兰语和历史，而督学们也知道这种情形，所以才有今天这种突袭检查。

于是学校为了应付突袭检查，在各教室的门边装了一个秘密电铃，督学一来便马上通知各个教室。

督学检查没有找到证据，似乎很不高兴的样子。他无礼地对老师说：

“给我叫出一个学生来。”

玛丽娅听见这句话非常害怕。她坐在第三排的位置上，不禁把眼睛移看窗外，心中拼命祷告着：

“天哪！可别叫我啊。”

【解释说明】

揭示了玛丽娅总是被老师叫起来应对督学的原因。

因为全班之中，玛丽娅的俄文最好，所以每有俄国的督学来找麻烦时，她总是被叫起来答话。

上帝并没有听取玛丽娅的祈祷。

“玛丽娅·斯可罗多夫斯卡。”

老师果然叫了她。

玛丽娅有气没力地站了起来。可是她尽量避免看督学的脸，把头垂得低低的。

“加德琳二世以来，统治我们的神圣的俄国皇帝是哪些？”

【心理描写】

督学对玛丽娅流利的回答非常满意，但依然心存怀疑。

“保罗一世、亚历山大一世、尼古拉一世、亚历山大二世。”玛丽娅用流利的俄语回答。

督学感到很满意，可是他突然想到也许这女孩子是在俄都圣彼得堡出生的，所以又问：

“你是俄国出生的吧？”

“不，华沙出生的。”

“嗯——”

他歪着脑袋再问：

“皇帝全家的名字和称号呢？”

“皇后陛下、扎莱·维基·亚历山大陛下、大公陛下。”

【语言描写】表现了玛丽娅对俄国历史和语言的了解，从侧面反映了她天资聪颖。

“皇帝的尊号呢？”

“比利皆斯多伯（陛下的意思）。”

“本人的称号呢？”

“比索哥罗杰（阁下的意思）。”

玛丽娅对所有的问题都能对答如流。

可是——

“统治咱们的人呢？”

玛丽娅对这个问题可愣住了。不，她不是不知道，她知道得太清楚了，只是不愿意说出口。

督学一看玛丽娅答不出来，脸色立刻变得难看了。

“统治我们的人是哪一位？”

显然地，在急躁的语气中带着怒意。

校长和老师互相看了一下，同学们都为玛丽娅捏了一把冷汗。

玛丽娅脸色变白了。

督学狠狠地瞥了希克尔斯佳校长一眼：

“希克尔斯佳女士，你难道不教学生这最神圣的

【语言描写】表现了督学此刻的愤怒，同时反映出了以他为代表的俄国殖民者的霸道和蛮横。

名字吗？”

校长发抖了。

这下糟糕了。这时——

突然，玛丽娅咬紧牙根迸出：

“俄国全领土的皇帝亚历山大二世陛下。”

“好啦！”

质问完了，他已经完成了作为督学的最大使命。

于是，他又像走进来的时候一般，趾高气扬地跨出了教室，走到另外一间教室去。

他们的脚步声一消失，玛丽娅便冲到杜芭丝卡老师跟前啜泣起来。

“老师！”

“玛丽娅！”

两人在讲台上互抱着哭泣。别的同学们也都饮泣吞声，默默地擦拭着眼泪。

大家含着亡国的仇恨和耻辱，萌起了复仇雪耻的愿望。

【叙述说明】带着讽刺的意味，来宣布这次突击检查的结束。

阅读笔记

拓展阅读

名师点拨

俄国的督学突袭检查玛丽娅的班级，看她们是否按规定上课。孩子们快速地把波兰课本藏起来，躲过一劫。玛丽娅被督学问话，对答如流，最终成功通过检查。

回味思考

1.俄国的督学为什么总是要抽查学校上课?

2.最后同学们和老师为什么都哭了?

好词收藏

骚动　急忙　若无其事　一本正经　不怀好意　应付

好句积累

◈ 不知是谁低低地叫了一声，教室里马上起了一阵骚动，老师和学生的脸色都变了。

◈ 所有的书桌上都摆着裁缝工作的用具，学生们都一本正经地缝纫着。

◈ 因为全班之中，玛丽娅的俄文最好，所以每有俄国的督学来找麻烦时，她总是被叫起来答话。

素希雅之死

名师导航

看过了玛丽娅在学校的表现，让我们回头来看看她家中之事。母亲的病情怎么样了？休养后的她有没有好转？又有什么新的灾难降临到这个不幸的家庭中呢？

母亲的病势一天比一天重，医生劝告斯可罗多夫斯卡夫人离开都市，到空气清新的乡下休养。

经过考虑，母亲便带了长女素希雅到尼斯去休养。

出发那天早上，母亲曾抱着玛丽娅说：

“妈妈要休养得很强壮才回来。玛丽娅可要乖，听刘夏伯母和爸爸的话，等着妈妈回家啊。”

玛丽娅点了点头，她还以为妈妈马上会回来呢。

想不到过了一年的时间，斯可罗多夫斯卡夫人才回来。而且从前那美丽的面庞已衰老得多了，孩子们几乎不敢相信这是他们的母亲。

【咬文嚼字】

强壮：通常形容人身体健壮，孔武有力。

【叙述说明】

母亲在疗养了一年后回到家中，病情却不见好转。

从此，斯可罗多夫斯卡的家便接连地发生不幸的事情。

1876年1月，一个寄宿生得了伤寒症，把素希雅和布罗妮雅也给传染上了。

孩子们都被赶到别的房间去。好几个可怕的医生在家里进进出出。

一周、两周、三周。

唉，到底怎么办呢？

玛丽娅小小的心灵从没有比这次更害怕的了。

“上帝啊，赶快把素希雅和布罗妮雅治好吧。”

她不得不天天祷告上帝。

一个礼拜三的早上，父亲来到约瑟夫、荷拉和玛丽娅三人住的房间来，他的脸色显得很悲伤：

“你们都到素希雅的房间来——可是不能出声。”

他们三个人战战兢兢地跟在父亲背后走进素希雅的病房。布罗妮雅已经被移到别的房间去了，那儿只有素希雅一个人在睡着。

那张很像妈妈的脸瘦小得可怕，而且一点血色都没有，但是嘴角上却泛着一丝笑意。她穿着雪白的衣服，双手合抱在胸前，双眼紧闭着。

啊，素希雅死了！母亲不在时，慈母一般的爱护着最小的玛丽娅的素希雅，每晚在床旁讲故事哄着玛丽娅入睡的素希雅，那个用甜美的声音为玛丽娅唱赞美诗的素希雅。

竟然，亲爱的素希雅已经死了。玛丽娅真是百思

【心理描写】

表现了玛丽娅对姐姐们的担心，以及希望她们快点痊愈的急切心情。

【外貌描写】

表现了素希雅的苍白和虚弱。她的着装和姿势暗示着她的死亡。

【咬文嚼字】

百思不解：百：多次；解：理解。百般思索也无法理解。

不解。

躺在棺材里，16 岁的素希雅留给了玛丽娅深深的印象。

想不到刚满 8 岁的玛丽娅竟已尝到人间死别的痛苦。

上帝为什么不肯接受我的祷告呢？玛丽娅在姐姐的棺材里放下了一束白色的石竹和一个小洋娃娃，痛哭起来。

【环境描写】通过描写葬礼那天冰冷阴沉的天气，渲染了一种悲伤沉重的氛围，烘托了玛丽娅一家因为素希雅去世而产生的痛苦之情。

隔壁的房间里，布罗妮雅支撑着还没有痊愈的病体也哭了起来。

素希雅举行葬礼的那一天，华沙上空罩着铅一般沉重的云。冷风吹来，有刺骨的寒意。

玛丽娅裹在黑色的披风里，父亲牵着她的手跟在素希雅的灵柩车后走。

能和素希雅一起走也就只有这一次了。

那时母亲已经病得很厉害，所以也不能来参加长女的葬礼！

玛丽娅抬头回顾家里，看见母亲穿着黑色衣服站在窗口，正用白手绢擦着泪水，目送素希雅的灵车。

【叙述说明】交代了玛丽娅在学校的学习情况，以及母亲病情的恶化。

过了两年，母亲的病况越来越重。

玛丽娅上学以后，虽然每学期拿第一名的奖状回来，母亲也不能因此减轻病痛。

每天早晨，玛丽娅都要和刘夏伯母和姐姐们到弥耶斯特广场附近的诺特丹教堂祈祷。

那红石阶和四方形的塔都与别的建筑物不同，而成为华沙市的一个可纪念的古迹。

有时玛丽娅她们会跟刘夏伯母走进教堂的大礼堂，推开那厚重的歌德式大门，里面是阴暗的。圣坛上方的窗子画有圣女像。正面的圣坛很高，那背后有一架金色的十字架，蜡烛幽幽地照着。

【环境描写】 通过描写教堂的布局和摆设，渲染了一种安静而圣洁的氛围，让玛丽娅一家的祷告更显得虔诚。

跟路上那热闹的情形比起来，这儿简直像是另外一个世界。玛丽娅当时就觉得神好像在眼前呢。

在圣坛前面的地毯上，大家并排跪下来，垂着头低声祈祷：

“请早日治愈妈妈的病吧！”

拓展阅读

名师点拨

玛丽娅的母亲外出疗养后病情非但没有得到缓和，反而恶化了。与此同时，家里的两个姐姐也感染了伤寒症。大姐素希雅最终没有躲过病魔的折磨，永远离开了她的家人。

回味思考

1.玛丽娅的两个姐姐是怎么染上伤寒症的？

2.母亲为什么没有参加素希雅的葬礼？

好词收藏

休养　强壮　衰老　悲伤　百思不解　痊愈　沉重

好句积累

◈ 布罗妮雅已经被移到别的房间去了，那儿只有素希雅一个人在睡着。

母亲的离去

名师导航

素希雅去世后，玛丽娅一家经常在教堂中虔诚祷告，乞求母亲能摆脱病痛，恢复健康。上帝有没有听到她的乞求，免去她母亲的病痛？到底是幸运女神来临，还是厄运再次袭来？

【环境描写】花红柳绿，风和日丽的春天，人们也都打开窗户感受春的气息。这种快乐的气氛与玛丽娅一家的阴沉形成对比，更反衬出她们一家的凄凉。

严冬过去，复活节又到了，樱桃花也开放了。

樱桃花儿凋谢后，树上便结起累累的樱桃，杜鹃叫遍了山林，苹果花也含苞待放。

灿烂的五月来临了。

在欧洲，五六月之间是最美好的季节，天气特别晴朗。

家家户户都打开了窗户，探头往外望。

公园里，花儿齐放，鸟儿也歌唱着春之歌。

玛丽娅的一家经过了一个非常沉闷的冬天。

亲爱的母亲在严冬里，病情加重，连织毛衣的力气都没有了。

她几乎整天只是静静地躺在火炉前面的安乐椅上。

她一点食欲都没有，脸色枯黄，整天咳嗽个不停。医生没有说过一句使家人安心的话，只是叫大家小心照顾妈妈。

虽然她身体很衰弱，但是斯可罗多夫斯卡夫人的意识却比往常更清醒。

她仍注意家中的每一件琐事。

对于自己的病况，她比任何人知道得更清楚——她知道自己将要跟可爱的儿女们分别了。

【叙述说明】交代了母亲的病情，她自己也能感知死亡的临近。

杜鹃啼，五月的暖风吹来，但是只有玛丽娅一家的窗户是紧闭着的。

不，这一家现在比被冬天严寒的空气包围时，更加沉重了。

1878 年 5 月 9 日早晨，最亲爱的母亲终于要和玛丽娅他们永别了。

【叙述说明】交代了玛丽娅母亲离世的具体时间。

素希雅告别了才两年，如今母亲又……

“已经不行了。”

按着脉搏的医生静静地说着，然后就把位置让给站在后面的神父。

父亲和家人们一齐围站在床的四周。

在临终的这一刻，母亲显得格外美丽。

她伸出无力的手，一一和家人握别。

轮到最后的玛丽娅时，她那苍白的脸上滚下了一滴晶莹的泪珠。

阅读笔记

“玛丽娅！”

她使出最后的力气叫了一声。

玛丽娅已经控制不住那如泉涌一般的泪水了。她想叫：

“妈妈！”

可是叫不出声音来。

病人又看了一遍大家，然后低声说了一句：

“我爱你们大家……”

【语言描写】表现了母亲对家人的不舍和爱，也表现了玛丽娅深深的悲痛。

于是，她就闭上眼睛安息了。

立刻，悲伤的哭声充满了全房。

玛丽娅的手曾被母亲握着，她悲伤地哭倒在地上。

唉！素希雅去了，母亲也去了。

阅读笔记

“我那样虔诚地向上帝祷告，但他还是抢走了素希雅和妈妈。以后我怎么也不向上帝祷告了。”

10 岁的玛丽娅因接连而来的不幸，对上帝有了反抗的心。

父亲为了要减轻孩子们的哀伤，把家搬到列秀诺街去。

这一带都是法国式的房子。

而且玛丽娅同班中最要好的同学卡佳家就住在附近，所以玛丽娅特别高兴。

【叙述说明】父亲将房子搬到了玛丽娅好朋友卡佳的家附近，以此缓解了她的痛苦。

卡佳的母亲对玛丽娅很照顾，每天总是准备两份点心等她们放学回来吃。两人都最爱吃巧克力糖。

“卡佳，早！”

每天早晨玛丽娅都要去约卡佳一块儿上学。

“玛丽娅，早！卡佳在穿袜子，请你等一下。我来给你整整头发吧。”

【语言描写】表现了卡佳母亲对玛丽娅的同情和关心。

卡佳的母亲常替玛丽娅梳头发、结辫子。

可怜的玛丽娅，失去了母亲之后，每天早晨虽然有布罗妮雅给她梳头，可是她究竟是小孩子，总是弄不好。

卡佳的母亲一边给玛丽娅整理头发，眼里含着同情的泪水，可是玛丽娅并不知道。

公元1883年6月12日。

玛丽娅以第一名的成绩毕业于克拉高女中。

【叙述说明】交代了玛丽娅毕业的时间和地点，引出下文。

那天虽然很热，可是所有的毕业生还是依着传统的习惯穿着黑色的制服，胸前别着一小束玫瑰花。

毕业典礼由唱校歌开始。

毕业的同学每个人心里回忆着几年来的学校生活，从心底唱出校歌，大家都有点依依不舍的样子。

阅读笔记

讲台上宣布受奖的名单时，玛丽娅是第一个走上台去，接受金质奖章和一本俄文书。

师长们训辞过后，由玛丽娅代表全体毕业生致谢辞。

最后由玛丽娅和教育厅长握手，毕业典礼便结束了。

大家走出礼堂后纷纷地说：

“玛丽娅，别忘常来信啊！”

“嗯，你也别忘了。”

“可要常到我家来玩啊！”

【语言描写】毕业典礼互道珍重，表现了同学们毕业离别时候的依依不舍。

然后在校门口依依不舍地分别了。

玛丽娅得了一枚奖章，高兴得不得了，很想马上给父亲看看。

可是一想起母亲来，她的心里立刻就难过了。

当她这天早晨出门时，姐姐布罗妮雅说：

“玛丽娅，你一定可以得到金奖章的，我们在家里先做个奖章形的饼干等着你吧。”

想到这句话，玛丽娅就微笑了。

再想到那些成绩不如自己的同学要到斯德哥尔摩或柏林去留学了，心里不觉又黯然不乐。

【语言描写】 考虑到家人的不易，玛丽娅不好意思再提出留学的事情。表现了玛丽娅的善解人意。

“啊，我也希望上巴黎去呢……可是，布罗妮雅还在家做事，去不成巴黎；约瑟夫哥哥上医学院去读书，爸爸已经很感吃力，怎么好意思还叫他操心呢……”

这时，身后有脚步声追了上来。

“玛丽娅，你怎么也不等我一下就自己先走了！”

是卡佳。

“对不起，我正伤心呢。”

“什么？得了金奖章还会伤心？到底有什么事情？”

“卡佳，我不是早就告诉你了吗？关于留学的事儿……你看，伊莲要上斯德哥尔摩、安要到彼得格勒、西达去巴黎、西蒙也要……我也想上大学啊……可是……”

“哦，原来是为这件事。”

两个人都沉默了一会儿。

不久，卡佳自言自语地说：

【咬文嚼字】 **自言自语**：言、语：说话。自己对自己说话。

"伊莲、安、西蒙，没有一个人是考入10名以内的，只是他们家里有钱罢了。

而得金奖章的玛丽娅却没法继续上学。难怪好强的玛丽娅会伤心呢。……啊，有没有什么好办法呢？"

【语言描写】卡佳为好友的事情操心，表现了她和玛丽娅之间深厚的友谊。

"卡佳，不只是我一个人呀。我家里的布罗妮雅也很想上学呢。"

"哦，是吗？"

两人又默默地走，到了路的岔口。

玛丽娅握着卡佳的手说：

"卡佳，我明天要上你家去玩好吗？"

"好的，我等着你。"

可是，剩下她一个人时，玛丽娅心中又在想着：

"巴黎，索鲁本大学。"

后来，玛丽娅告别了自己的故乡，一个人来到希究基村教别人家的孩子念书，这可以说是很自然的发展。

【叙述说明】交代了玛丽娅毕业后的去向，这看起来是必然的结果。

拓展阅读

名师点拨

玛丽娅的母亲最终没有逃过死神的追捕，闭上了双眼。玛丽娅以优异的成绩毕业，却因为家里情况困难，她放弃了出国深造的机会，告别了故乡来到乡下教书。

回味思考

1.玛丽娅母亲去世后,她受到了谁的格外关照?
2.毕业后的玛丽娅想到什么事情而感到伤心?

好词收藏

含苞待放　衰弱　清醒　晶莹　安息　同情　黯然不乐

好句积累

◈ 樱桃花儿凋谢后,树上便结起累累的樱桃,杜鹃叫遍了山林,苹果花也含苞待放。

◈ 在欧洲,五六月之间是最美好的季节,天气特别晴朗。

◈ 虽然她身体很衰弱,但是斯可罗多夫斯卡夫人的意识却比往常更清醒。

教书的日子

名师导航

玛丽娅毕业后开始了教书生涯，她做了哪些事情来度过这段单调无聊的生活？她和远在波兰的好友如何联系？她的家人在此时又经历了什么事情呢？

在希究基村，玛丽娅常常从她单调而辛苦的生活中，偷闲给卡佳写很长的信，细述心事。

亲爱的卡佳：

许久没通信了。听说你已订婚了，我高兴得像自己的喜事似的。

【叙述】说明玛丽娅和卡佳的关系很好。

每当我寂寞的时候，我总想去看你。

希究基的生活真是无聊。最近天天刮风下雨，河水泛滥，道路泥泞不堪。不久，又到冰天雪地的冬天了。

卡佳，你还记得我们毕业那天的事情吗？

【抒情】
抒发了玛丽娅对出国留学的渴望，以及心愿无法达成的悲伤之情。

已经过了有5个月的时间了。可是我留学的希望却连个影子都没有，啊，我这梦想何日才能实现？

不过，布罗妮雅已如愿去上巴黎的医学院了。得要三年的时间才能毕业。我长久住在别人的家里，经过了不少的辛酸，现在的我已远比中学时代的玛丽娅坚强得多了。

我的做人之道是不被任何人和事压倒。节省睡眠的时间来解决读书的困难，从上午8时到21时，简直没有一分钟是自己的时间。到了冬天，冻得手指头都要断裂了。

【叙述说明】
玛丽娅向卡佳讲述自己的苦恼和心酸，引出下文。

目前我最苦恼的是朱希罗夫家的少爷安绥耶。这孩子，昨天教的今天就忘得一干二净，一点进步都没有，简直把我弄得啼笑皆非。他既不用功，记忆力又差，教这样的孩子就如同想在沙上建筑楼阁哩！

不过，我曾告诉过你关于村中儿童们的事吧？虽然他们比不上华沙的孩子们，但是看着他们慢慢在进步，内心很高兴。

【叙述说明】
表现了对与卡佳会面的期待，同时预示着明年5月新生活的开始。

卡佳，明年5月安绥耶修完小学课程，我和朱希罗夫家的三年契约也告期满，到那时我们可以又在华沙见面了。

请代问候伯母好。跟你同享巧克力糖的事情，恍如是昨天的事。

卡佳，你真幸福呀，可以常在慈母的身旁。

【叙述说明】
玛丽娅为布罗尼雅负担着一部分学费，表现了她对家人的爱，甘愿付出。

这时候，玛丽娅每月供给在巴黎的布罗妮雅15卢布到20卢布，这数目几乎是她所有收入的半数以上。

当然，这一点钱不够布罗妮雅的开支，所差的就由父亲来贴补。

慈爱的父亲很感到抱歉，由于他的收入少而不能让自己所疼爱的幼女去上学，还要由她负担姐姐的学费。

所以他常常写信向玛丽娅道歉。玛丽娅每次看了这种信总是立即提笔回信。

爸爸：

首先请您不要再以不能帮助我们而歉疚。一想到从小就受您的苦心教养，现在我做的这一点小事儿又算得了什么呢？

【抒情】

用反问的修辞手法，加深语气，表现了玛丽娅对父亲的感恩。

就因为我们曾受过您可贵的教养，所以今天才能走到什么地方都能坚强起来。爸爸和死去的妈妈对我们兄弟姐妹们的恩惠，我是永不能忘怀的。

我所供给布罗妮雅的钱真是微不足道。我只恨自己到现在还不能报答爸爸给我们的恩惠的万分之一，但愿我们能早一日让您老人家安心在家里享福。

在穷乡僻壤的希究基村日夜不停地工作，供给姐姐读书，安慰父亲，还要自己掏腰包来教育穷孩子们，这是一般的女孩子做不到的，可是上天对这刻苦能干的少女好像还不肯放松，不断用苦痛来考验她。

阅读笔记

原来，玛丽娅的哥哥约瑟夫好不容易才从华沙的医学院毕业了，可是他没有资本去行医，所以写信告

【心理描写】

表现了玛丽娅对哥哥的失望，她认为哥哥应该鼓起勇气闯出事业，而不是躲在乡下。

【咬文嚼字】

勉励：指劝人努力；鼓励。一般用在长辈对晚辈的鼓励。

【抒情】

抒发了玛丽娅内心"恨铁不成钢"的情感，表现了她对哥哥姐姐的爱。

诉玛丽娅，他想在不需用太多钱的乡下开一个小诊所。

玛丽娅看了哥哥这封信，不禁懊恼地哭了起来：一个男孩子怎能这样没有志气！

夜晚两点的时候，玛丽娅做完了自己的课程，在寒冷的房里给哥哥写了一封勉励的信。

哥哥：

看过您的信，我想跟您坦白地讲我所要讲的话，请您可别生气啊！

您的信真令人失望，爸爸辛辛苦苦地拿出钱来给哥哥读书，他的本意并不是要哥哥从学校出来就到乡下做个小医生的呀。

只要您能借到几百卢布，就可以在华沙开医院而不必躲到乡下去。如果一旦去到没有药房、病院和书籍的乡下去，那怎能增进您的知识呢？

我自己在乡下不要紧，哥哥和布罗妮雅姐姐可得发展你们的天分才行呀。我们可不能把家传的才能白白地埋没了呀！

哥哥是个男孩子，又是我们兄妹中受过最完善教育的一个，不论怎样都希望您留在华沙市，继续研究下去。

我说了这些不自量力的话，哥哥一定会生气，但是我不得不说，这是我内心的话。

请哥哥努力吧，为了我们的家，也为了医学界。

玛丽娅在希究基村为哥哥操心的时候，也正是父亲在为自己心爱的儿女准备牺牲的时候。

他想放弃多年服务的中学教员的职位，换一个收入较多的职业——华沙市附近的瑞尼兹的一个感化院院长的职位，当然工作是比较辛苦的。

1888年4月，他终于接受了这个职位。

【叙述说明】交代了父亲换职位的时间，事情从此有了转机。

于是布罗妮雅每月40卢布的费用，便可全由父亲一个人供给，玛丽娅就可以停止送钱给姐姐了。

在希究基村得到这个消息的玛丽娅，为父亲无限的慈爱感动得哭了。

玛丽娅跟朱希罗夫家的合约也快期满了，她想在没有合约限制之后，立刻跑到父亲身旁去安慰他、帮助他。

阅读笔记

但是在接到父亲的信数日之后，玛丽娅突然接受了一个陌生人的访问。

那是华沙市的一位富有的企业家夫人。

“请问有什么贵干？”

“你跟朱希罗夫家的契约期满后，请到我家去担任我女儿的家庭教师一年。”

那位夫人为了要亲自见玛丽娅，所以特地赶到希究基村来探望她，哪晓得一见面就很中意她，一定要请她去。

【叙述说明】表现了那位陌生夫人对玛丽娅的中意，侧面反映了玛丽娅出色的教书才能。

玛丽娅这时反而感到迷惑了。

虽然她很想跟父亲住在一起，帮他老人家的忙，但是自己留学用的钱还没有存够，而且，究竟不能拒绝夫人的一年500卢布的待遇。

1889年5月，玛丽娅终于告别希究基村。

回想三年前独个儿在雪夜含泪来到这里，可是如今却也留下了许多可爱的回忆，以后恐怕再也不会有机会回来了。

【抒情】
抒发了玛丽娅内心对希究基村的依依不舍和怀念。她在这里留下了很多珍贵的回忆。

布珑卡、安绥耶、村子里的孩子们，祝你们大家愉快！

希究基、甜菜圃，再会了！

离去的人和送别的人互相交换着亲切的微笑——玛丽娅告别了朱希罗夫家，乘着5月的微风回华沙去了。

拓展阅读

名师点拨

玛丽娅在乡下教书期间通过书信与家人和朋友保持着联系。父亲为了减轻女儿的负担，换了职业。而玛丽娅5月份与朱希罗夫家合约到期后，也换了个东家。

回味思考

1.玛丽娅为什么对哥哥感到失望？

2.父亲为什么换了职业？

好词收藏

如愿　坚强　一干二净　啼笑皆非　开支　穷乡僻壤

好句积累

◇玛丽娅看了哥哥这封信，不禁懊恼地哭了起来：一个男孩子怎能这样没有志气！

玛丽娅的工作和梦想

名师导航

玛丽娅5月份回了华沙，开始了新一轮的生活和工作。此时，她的哥哥姐姐过着什么样的生活呢？重新任职的父亲是否适应新的工作环境？工作很久的玛丽娅心中对留学的念想还留存着多少呢？

可爱的华沙市仍旧跟三年前分别时一样，用她那美丽的面貌来欢迎玛丽娅的归来。

约瑟夫已经接纳了玛丽娅的意见，每天从公寓到研究室去研究医学。姐姐荷拉也跟哥哥约瑟夫住在一起，每天勤练钢琴。而且姐姐已经跟一位名叫波利斯的青年订了婚，心情非常愉快。

【叙述说明】交代了玛丽娅的哥哥姐姐的生活现状，看起来一切都步入了正轨。

兄妹见面有说不出的快乐，但是玛丽娅更挂念着父亲，所以，第二天便离开华沙，到感化院去看父亲。

当她踏入感化院院长室的房间时，不禁吃惊起来。几年不见，父亲已经衰老多了！头发和胡须都花白了，额头也多了几道皱纹，而且眼睛也显得那样没神。

【语言描写】表现出爸爸对玛丽娅的思念。

“爸爸！”

“哦，玛丽娅！你回来了。我心里刚才还在想着，你该回来了。坐吧！”

父亲拉着玛丽娅到他身旁的安乐椅上坐下。

“爸爸，您是不是不舒服呢？好像精神不太好的样子。”

“没什么。昨晚工作得晚一点，睡眠不足罢了。”

玛丽娅心里明白父亲的衰老绝不可能是由于一夜的失眠。

【语言描写】表现了父亲对玛丽娅的感谢和心疼，想尽力为她减轻负担。

“玛丽娅，你在希究基村可够累了。幸亏是你，布罗妮雅才能继续上学，我该谢谢你才对。不过爸爸已经可以供给她费用，你可以不必再操心了。”

“什么，谢谢我？爸爸，您这工作跟教书不一样，很吃力的，可别太勉强您自己啊。如果这工作吃力的话，我可以继续供给布罗妮雅的一切费用，您趁早退休吧。”

【语言描写】说这份工作不吃力，实际上是父亲对玛丽娅的安慰，希望她宽心。表现了伟大的父爱。

“不，并不特别吃力。想一想，也许去诱导这些不幸的孩子们比站在讲台上教书要有意义得多呢。——不过，玛丽娅，你可得好好考虑一下自己的前途啊，爸爸现在所挂念的就是这件事情。”

玛丽娅总觉得父亲这份工作太累了。

可是回想家里的情形和布罗妮雅的学业，倒也很难勉强父亲辞去这份工作。在父亲身旁待了一天之后，玛丽娅便重新回到华沙做家庭教师去了。

在傅鲁卡斯基家的一年，是玛丽娅有生以来最愉快的一段日子。

【叙述说明】有教养的傅鲁卡斯基一家给玛丽娅留下了美好而愉快的经历和回忆。

傅鲁卡斯基是华沙的富家，跟希究基的朱希罗夫家比较起来，豪华得多了。

也许他们的生活有些奢侈的地方，可是他们夫妻俩都是有教养的人。夫人常出入于社交场合，她很得意地带着这位有教养的家庭教师去参加茶会和舞会。

【叙述】夫人对社交场合十分熟悉。

这对玛丽娅真是多余的恩惠，但是，这并没有使她感到不愉快。

尤其到了夏天，他们便到波罗的海避暑胜地索姆波得度过两个月假期，住的是第一流的旅馆。这时玛丽娅疲乏的身心才有歇息的机会。

她除了挂虑父亲的健康之外，并没有其他变化，真是幸福的一年。

1890年秋初，与傅鲁卡斯基家的合同期满，玛丽娅再度回到诺巴力基街的公寓。

【叙述说明】交代了时间和地点，玛丽娅自此又要开始过全新的生活。

一回家，玛丽娅便和哥哥姐姐商量，让父亲辞去感化院院长之职，仍回中学去教书。

父亲回到家之后，父子四人又恢复了团聚的快乐生活。

玛丽娅又在华沙市找了几个家庭教师的职位；重新开始整天奔走的忙碌生活。

黄昏时候，漫步在华沙街头，玛丽娅又沉入伤感的思想里。从中学毕业出来已将近8年了，但是留学

【叙述说明】玛丽娅留学的想法十分强烈。

的愿望一直不能实现。

啊，哪一天才能踏上巴黎的土地呢？

想到这事，玛丽娅忧心如焚。

【抒情】 抒发了玛丽娅内心的喜悦，反映出了她对知识的渴望。

一个星期天，玛丽娅遇到一件可喜的意外事件。

那是她偶然去访问表兄约瑟夫·勃古斯基所经管的农工业博物馆时发生的。

勃古斯基问玛丽娅想不想到这个博物馆来做化学实验。

这个农工业博物馆，为了躲避俄国官方的注意，表面上叫博物馆，其实里面是专教波兰青年科学的地方。

【咬文嚼字】 **犹豫不决**：犹豫：迟疑。决：决断。拿不定主意。

【叙述说明】 交代了这件可喜的意外事件发生的时间和地点。

玛丽娅曾经接受过化学教育，可是从来没有做过一次实验。

而且她原来想留学的时候要攻读数学，还是物理？或者是化学？在犹豫不决的时候，现在一听说有自由做化学实验的机会，真是最好不过了。

能够把以前在书本上学到的知识做实际的印证，是多美妙的事啊！

表兄正热望着多吸收研究生，所以叫她第二天就来。

只是这研究室距离玛丽娅的住所远了一些，不过好学的她却一点也不在乎。她每天仍然要出外教书到傍晚，所以得要回家吃过晚饭之后才能出来。

然而这个时候，研究所里的职员和研究生都已经下班回去了。玛丽娅便独自在二楼研究室中做实验。

“这样辛苦，恐怕不会太持久吧。”她的表兄这样想。可是，好强的玛丽娅却不辞劳苦，风雨无阻地去研究。

【心理描写】 通过对玛丽娅表兄想法的描写，从侧面反映了玛丽娅夜间独自做实验的艰辛。

起初因为没人指导，只能看书做实验，所以很难得到令人满意的结果。

可是慢慢习惯以后，尝到了实验成功的快乐滋味，她便忘却了疲劳，这是只有她自己才能体会到的快乐。

做完实验，把仪器整理好，脱下白色的工作服，锁上实验室的门，走过华沙近郊的夜路回到公寓的时候，家人早已经进入梦乡，家里是静悄悄的。

【叙述说明】 玛丽娅做实验十分认真，总是忘了时间。

换上睡衣，横卧在长沙发椅上，回想方才做成的实验，觉得自己仿佛又跨进了一步未知的世界里，心里不自觉兴奋起来，睡意全消，接着思虑明天要做的实验课题，常常到了时钟敲两下她还没有入睡。

那正是探究真理的人才能领会到的惊叹、喜悦，和玛丽娅的内心想更求进步的冲动。

这与后来玛丽娅在巴黎所做的实验比较起来，实在是微不足道的初步工作，但是这博物馆二楼的实验室却决定了她一生的方向。

【议论】 表明了她在博物馆做实验这段经历的重要性，也为下文做铺垫。

她也万万没有想到，世界上的人类会因此而受惠不尽呢。

拓展阅读

名师点拨

玛丽娅在回到华沙后又陆陆续续在不同的地方做了家教，并因表兄的邀请开始在博物馆做化学实验。她的哥哥姐姐开始过上安稳的生活，父亲后来辞去了院长一职，一家四口团聚。

回味思考

1.玛丽娅为何执意让父亲辞去院长一职？

2.是什么契机让玛丽娅在博物馆做化学实验？

好词收藏

面貌　愉快　衰老　操心　勉强　奢侈　疲乏　偶然

好句积累

◈ 可爱的华沙市仍旧跟三年前分别时一样，用她那美丽的面貌来欢迎玛丽娅的归来。

◈ 兄妹见面有说不出的快乐，但是玛丽娅更挂念着父亲，所以，第二天便离开华沙，到感化院去看父亲。

◈ 几年不见，父亲已经衰老多了！头发和胡须都花白了，额头也多了几道皱纹，而且眼睛也显得那样没神。

◈ 在傅鲁卡斯基家的一年，是玛丽娅有生以来最愉快的一段日子。

◈ 她除了挂虑父亲的健康之外，并没有其他变化，真是幸福的一年。

◈ 黄昏时候，漫步在华沙街头，玛丽娅又沉入伤感的思想里。从中学毕业出来已将近 8 年了，但是留学的愿望一直不能实现。

巴黎的来信

名师导航

玛丽娅在博物馆开始做化学实验后，求学的心越发强烈了。在巴黎的姐姐会给她带来什么好消息呢？玛丽娅的求学之梦会实现吗？

从姐姐布罗妮雅那儿寄来了一封信。

啊，玛丽娅多年来等待着的信终于来了。

那是叫玛丽娅去巴黎的一封信，她兴奋地红着脸展开信阅读。

【叙述说明】表现了玛丽娅收到姐姐信件时候的激动。

亲爱的玛丽娅：

叫你辛苦多年了，也让你等得太久了；可是这次该轮到你来巴黎念书了。索尔本大学完美的校风将令你满足的。

我已经和从前告诉过你的那位卡基米·德鲁斯基结婚了。

本来希望爸爸和你来巴黎参加婚礼的，但是因为决

【解释说明】

姐姐在信中向玛丽娅解释了没有让她和爸爸来参加婚礼的原因，由此可见姐姐结婚的决定十分仓促。

定得太匆忙，所以没有来得及写信通知你们。

我在学校还剩最后的一关考试，但是卡基米已经考完试，得到博士学位了。

为了彼此的功课和经济情形，不得不提早结婚。

卡基米也很赞成你来巴黎呢！

不过，说实在的，我们的新家庭经济情形很拮据，所以不能完全帮助你，真是抱歉。

注册时大约需要四五卢布，此外就是每月的零用钱了。

你如果住在我们这儿，那么住食费用都可以省了。

我想爸爸会给你准备起初用的四五卢布和零用钱的。

依你的程度，大概两年就可以拿到学士学位。

如果下定了决心，请快快跟爸爸商量好，早点来。

我们很想念你。

卡基米是很随和的人，一点不必和他客气的。如果我们三个人能在巴黎一起生活，该有多好！

【议论】

幸运和不幸总是来得出乎意料，正如这个突如其来的留学机会。

不幸的事情常是突然降临，但是有时幸运也会不期然而至。

本来玛丽娅对留法的事情已经不抱太大的希望了，可是在这当儿，布罗妮雅却给她寄来了这样一封信，令她感到意外和喜悦。

“如果5卢布就行，那么，我自己的储蓄就可以解决了呀。”

她想，现在该是运用自己用血汗赚来的钱的时候了。

这时，玛丽娅已经23岁了。

按理，去留学已经太迟了。

可是，回想八年来日夜所梦想的留学愿望，到现在已变成了事实，玛丽娅高兴得颤抖起来。

当夜玛丽娅便把这消息告诉了父亲。年老的父亲虽然很高兴女儿的愿望得以实现，但也禁不住感到自己的寂寞。自己最疼爱的幼女要出国去留学，这对年老的父亲不能不算是一个很大的打击。

【叙述说明】 父亲得知女儿留学时的心情是复杂的，既为她感到高兴，又心有不舍。

可是，他没有权力阻止这从小就为家庭、为姐姐而牺牲了自己的女儿，去实现她多年的愿望，何况他自己也是读书人！

父亲紧握着玛丽娅的手说：

“去吧，玛丽娅。爸爸会等着你学成回来。”

也许要告别老父的玛丽娅的心情，比送走爱女的父亲更为沉重呢。

“爸爸，请您忍耐一点，最多不会超过三年，如果顺利的话，两年就可以回来，到那时候我就守在您身旁，不再离开您了。”

【语言描写】 从玛丽娅对父亲的温柔安慰中，可以看出她对父亲的不舍。

她也用力紧握着父亲的手。

玛丽娅马上开始盘算旅行的费用。

出境手续要多少钱？在波兰和法国坐三等火车，通过德国的时候要改换更便宜的四等车……

为了节省到了巴黎以后的费用，玛丽娅把行李等物品先行寄走，到时只提一只装放日用零碎东西的小箱子就可以了。

但是她没有忘记带两三件保暖的贴身内衣。

阅读笔记

车中三天所需的饮食以及书籍，还有晚间用来裹身的毛毯等，一切细节都考虑得很周到。

那天晚上，家里四个人团聚在一起，为玛丽娅开了一个简单的送别会，大家畅谈到天明。

【叙述说明】交代了玛丽娅离家的时间，这是她梦想的起点。

1891年的秋末10月，玛丽娅告别了华沙，向着梦中的巴黎出发。

她只携带一只粗陋的木箱，可是内心却充满了希望。

拓展阅读

名师点拨

玛丽娅收到了姐姐从巴黎给她寄的信，信中跟她说了一系列去巴黎留学的事宜。玛丽娅的梦想终于要实现了，她告别了父亲，收拾行李正式启程。

回味思考

1.玛丽娅和父亲为什么没有参加姐姐的婚礼？

2.玛丽娅的父亲得知她有机会去巴黎留学后心情是什么样的？

好词收藏

满足　通知　情形　想念　降临　喜悦　血汗　疼爱

好句积累

◇ 那是叫玛丽娅去巴黎的一封信，她兴奋地红着脸展开信阅读。

◇ 可是，回想八年来日夜所梦想的留学愿望，到现在已变成了事实，玛丽娅高兴得颤抖起来。

巴黎求学

名师导航

玛丽娅终于实现了自己的梦想,来到了日思夜想的巴黎。到了目的地后她进了哪所学校入读?在上课的时候她遇到了哪些困难?她和姐姐一家相处得怎么样?

法国科学在19世纪,的确可以说傲视其他欧洲各国,在法国高等院校培养出来的科学家都有非常深厚的数学根基,这使他们在近、现代科学的发展中,立下了赫赫功勋。

我们可以在法国学者中信手挑出许多世界级科学明星,如居维叶、安培、阿拉果、亨利·贝克勒尔和彭加勒等。

【叙述说明】列举了一些法国科学家的名字,以此证明了前文的观点。

法国科学界辉煌的过去和现在,像璀璨的科学明星,无一不激励着玛丽娅,她像航海者寻找北极星一样,把巴黎当作她心目中的北极星!

随着火车"轰隆轰隆"的响声，玛丽娅已经穿过了德国茂密的森林，来到了法兰西的国土。

【叙述】玛丽娅终于到了向往已久的巴黎。

前方就是她心中圣殿的所在地巴黎。只要一提到巴黎，恐怕任何人都会立即联想到巴尔扎克、左拉、雨果、伏尔泰、莫奈……这些文学、艺术大师，和以他们名字命名的街道、房屋，什么爱弥儿·左拉大街、伏尔泰堤、莫奈故居、巴尔扎克故居、雨果故居……真是数也数不清；还有那小说中屡屡出现的香榭丽舍林阴道、枫丹白露森林、圣母院……

【抒情】表现了玛丽娅对巴黎的向往，以及快要到巴黎时的激动心情。

啊，神秘的巴黎！永远笼罩在云雾中的巴黎！它既是神圣的科学殿堂所在地，又是风流公子、纨绔子弟流连忘返的粉香之都。当然，对于玛丽娅来说，巴黎永远是笛卡尔、拉普拉斯、拉格朗日、拉瓦锡……等法国科学巨星群集之地，她到这儿来是为了攀登那险峻的科学高峰，正如当年哥白尼到当时欧洲科学文化中心的意大利留学一样。

【叙述说明】交代了玛丽娅所在学校的地点、创办时间和背景。

玛丽娅到了巴黎以后，决定进著名的索尔本巴黎大学。这所位于拉丁区索尔本大厦附近的大学是法国最古老的大学，早在11世纪末它就初具雏形，当时取名为巴黎大学。

1891年11月3日，索尔本大学理学院正式开课，玛丽娅成了理学院的一名学生。

【叙述说明】玛丽娅有了新的名字。

啊，我们忘了她不再是玛丽娅了，她在注册时用法文填的是"玛丽·斯可罗多夫斯卡"。

那么，从这以后，我们就用玛丽来称呼我们的主人公了。玛丽总是提前来到教室，坐在第一排座位上，希望能一字不漏地听清楚那些穿黑色礼服教授的每一句话。刚刚在彩色照相方面做出卓越贡献的李普曼教授为他们讲授物理学实验。

非常有趣的是，李普曼教授以前在读书时学习成绩并不好，他只注重学习他感兴趣的课程，结果没有通过取得教师资格的考试。但由于他在物理学（尤其是实验物理学）方面的巨大才干，他终于在1883年被任命为数学物理教授，1886年被任命为研究实验室主任。

【叙述说明】交代了玛丽的数学物理教授李普曼的任职背景。

李普曼教授的讲课不仅条理清晰，而且很有分量，他常常告诫学生说：

“人的生命是短暂的，而事业的进展则十分缓慢。”

玛丽听到这种颇带哲理的话时，渴望迅速进入科学殿堂的心情更加急迫了。李普曼教授也注意到了一位外国来的女新生总是坐在第一排，目不斜视地盯着他的一举一动，认真听着他的一言一语。

【咬文嚼字】**目不斜视**：眼睛不往旁边看。形容目光庄重，神情严肃。

他也许会想到这是一个十分勤恳的女学生，但他可能没有想到，这位不喜欢说话的女学生，竟比他早了三年获得诺贝尔奖！

【抒情】预告了玛丽辉煌的未来，同时从侧面反映了她才智过人的特点。

玛丽开始上课后不久就发现自己陷入了两方面的困境。一是她原以为自己的法文很不错，但教授们讲课时稍快一点，她就跟不上了，听懂了这一句却没听清楚下一句，弄得她好不尴尬；二是她原以为自己的中学学习成绩很不错，到法国听大学课程不会有什么困难，但她很快发现对自己原有的水准估计

【叙述说明】详细地说明了她上课后遇到的两个困难：语言问题和知识衔接问题。

过高，更加之高中毕业已过去了8年，这期间虽然自学过一些课程，然而毕竟太零乱，而且不够透彻。这两方面的困难，使得玛丽不能不加班加点地学习，弥补现有的不足，力争尽快赶上教学进度。

【咬文嚼字】举世闻名：举：全。举世：全世界。闻：知道。全世界都知道的事情，形容非常著名。

每天课程一结束，她就夹着课本急匆匆地回到位于德意志路92号布罗妮雅的家，把自己关在小房间里埋头学习。巴黎举世闻名的景色和胜地，玛丽根本没有时间去光顾。她的幸福和乐趣，都在拼命学习之中。

她的姐夫德鲁斯基大夫在布罗妮雅回波兰去时，负责照料玛丽。他为玛丽那样玩命地学习感到担忧。他觉得实在有必要劝一劝她，便对她说：

【语言描写】表现了姐夫对玛丽的关心和担忧，同时也从侧面反映了玛丽的用功。

“喂，玛丽，你很有天分，这点我承认。你也应该努力，以期不辜负这份天赋，这也可以理解。但从医学的角度来看，一天到晚在室内学习而不出外活动一下，对健康是很不利的。因此，我有义务帮助你改变这种过分的做法。”

但他的劝告，甚至强迫，都收效甚微。有一次，他买好了音乐会的票，告诉她是波兰歌唱家演唱的，玛丽才舍弃了晚上“极其宝贵”的学习时间，由姐夫陪同去欣赏了这次音乐晚会，而且玛丽也的确为这位优秀的波兰歌唱家演唱波兰歌曲而激动万分。

【心理描写】玛丽因为一次外出而后悔没有将更多的时间用到学业上，表现了她对学习的极端热情。

但听完以后，她又万分后悔，觉得这一晚上时间没用来学习功课，实在是太可惜了。虽然当时的确很激动，但事后她又认为现在应该把这份激情保存起来，先埋头学好科学知识，以后才有振兴波兰、为波兰效力的机会。因此，玛丽从此谢绝姐夫一切好意的邀请。

德鲁斯基大夫毫无办法，只好写信给他的岳父斯可罗多夫斯卡先生。他写道：

亲爱而尊敬的先生：

……我们这里一切都好。玛丽小姐学习很认真，差不多把全部时间都用在索尔本，我们只能在晚餐时候见面。她是一个独立性很强的青年女子，虽然您把她交给我照管，给我正式权力，但是她对我既不表示尊敬也不表示服从，而且嘲笑我的权威和我的郑重，把它视为敝屣。我希望能使她明白我这样做的道理，可是一直到现在，我的教师才干并没有显示出什么效力，不过您不用担心，我们彼此了解，住在一起也极为和气。

住在布罗妮雅家里，的确可以感受到家庭的温暖，这对初到巴黎的玛丽来说大有好处。但半年过去后，玛丽对这里的环境逐渐熟悉和适应了，她开始觉得应该自己去找一间房子租下来，一个人独住。其中原因完全是玛丽从有利于学习的角度出发而考虑的。

【叙述说明】为了更好地学习，玛丽决定离开这个温馨的家，另觅住处。

首先，布罗妮雅的家离索尔本太远，乘公共马车得一个小时，来去在路上就花费了两个小时，这样既使身体疲劳，又无端地浪费许多钱；其二是布罗妮雅的家虽然很温馨，但也有难以忍受的时刻，对玛丽来说，所谓“难以忍受”是指妨碍她学习的事情。

【场面描写】

通过描写姐夫家晚上热闹的场面，解释了玛丽“难以忍受”的其中一个原因。

姐夫是一位精力旺盛、活泼好动、喜欢音乐、广结人缘的人，白天看完病人后，晚上就会有许多波兰侨民聚到他们家来，大声争论当前的国际形势，激动时高唱波兰歌曲，姐夫兴致一来就大弹一阵肖邦的乐曲。而晚上正是玛丽最看重的学习时间，但争论声、歌声和琴声往往使她心烦、焦躁，无法安心学习。

再者，半夜三更常有病人来叫门，结果常常扰得玛丽不能很好入睡。

拓展阅读

名师点拨

玛丽来到巴黎后进入了一间历史悠久而著名的学校入读，并且跟了一位知识渊博的教授。玛丽将一切时间和精力都放在学业上，并因此决定搬出姐姐温馨的小家庭。

回味思考

1.开学后的玛丽遇到了什么困难？

2.玛丽在姐姐家住了半年后为什么想出去独住？

好词收藏

赫赫　辉煌　激励　流连忘返　攀登　雏形　资格

好句积累

◇法国科学界辉煌的过去和现在，像璀璨的科学明星，无一不激励着玛丽娅，她像航海者寻找北极星一样，把巴黎当作她心目中的北极星！

独住阁楼的日子

名师导航

玛丽从姐姐家搬出去后住在了什么地方？开始了一种怎样的生活？是否遇到一些困难和不便？另一方面，她的学业又发展得怎么样呢？能否顺利毕业？

到1892年初，玛丽在向布罗妮雅和姐夫做了许多解释之后，终于在离学校不远的拉丁区找到一间4楼顶的小阁楼，她把自己的一点东西趁着假日搬了进去。

3月17日，她给约瑟夫写了一封信，解释自己搬家的原因，以免哥哥会产生误解。她写道：

【叙述说明】交代了玛丽给哥哥约瑟夫写信的时间、内容和原因。

其是这个学期不得不如此。这个计划现在已经实现了，我现在就是在福拉特路3号新居给你写信的。

这间小屋子很合适，也很便宜。一刻钟我就可以到化学实验室,20分钟就可以到索尔本。当然,若是没有德鲁斯基夫妇的帮助,我绝不能把一切安排得这样好。

我比以前住在德意志路的时候用功一千倍,在那里姐夫经常不断地打扰我,当我从学校回到家时,他简直不允许我做别的事,只让我坐着陪他闲谈。

为了这件事,我不得不和他宣战……

【叙述说明】

起到承上启下的作用,玛丽的这次搬家标志着她传奇生活的开始。

玛丽从此独自一人居住,开始了她传奇般的、"斯巴达式不近人情"的艰苦生活。

她每月只能花销100法郎,其中15法郎租下这间顶层阁楼,剩下的钱每天还不到3法郎。如果她像其他同学一样精打细算,例如几个人合住一间屋,每天用几小时来自办饭食……她也许可以生活得舒适一点,但这种"小聪明"却使玛丽百思不得其解:到索尔本是来求知的,不是来显示小聪明和让自己舒适的,几个人住在一起会相互干扰,自办伙食会浪费掉许多宝贵的时间,利用这些时间读几页书,或在实验室里多观察一下、多做一些分析,那是多么好呀!

【心理描写】

玛丽认为和同学合住或者是自办伙食不利于她的学业。

为了节约时间,她几乎每天只吃涂黄油的面包和定量的胡萝卜、樱桃之类的生菜果实,尽量不生火做饭。

阅读笔记

更何况她住在4楼顶层,没有火、水,也没有灯,如果要做饭,她得把煤、水从一楼经过6段长长的、狭窄的楼梯,弄到顶层阁楼,那样太累,也太麻烦了。为了尽量减少麻烦,她几乎绝不把时间"浪费"在琐碎的家务上。

由于每天只能把食品控制在3法郎以下，她几乎很少有机会吃点肉食。

高强度的学习、极贫乏的食物，使玛丽刚到巴黎时那胖胖的脸明显地瘦下去，瘦下去……浅灰色的眼珠也逐渐失去了神采。她把自己的生命力用到了极限。玛丽自己并不在意这种极端困苦的生活。她十分清楚，要想让能利用的钱坚持到取得学位的那一天，这些困苦是不能不忍受的。

【外貌描写】
玛丽日渐消瘦，眼神失去光彩，都表现出了她的营养匮乏。

但她过高估计了自己生命的承受能力。一天，当她疲倦地回到顶层阁楼时，由于饥饿，她在好不容易挣扎到床边时，竟晕倒在地上。

【叙述说明】
说明玛丽的生活十分艰苦。

幸亏那天晚上有位大学的同学来找她，不然谁也不会知道她晕倒过去。布罗妮雅夫妇得知这一消息后，立即赶到玛丽的阁楼上。德鲁斯基大夫稍事诊断后，对布罗妮雅说：

“虚脱了，完全虚脱了！”

布罗妮雅在玛丽苏醒过来后，哽咽地问：

“你怎么啦？玛丽……如果你有个三长两短，我怎么向父亲交代啊？都怪我，没有好好关照你……”

【语言描写】
表现了姐姐布罗妮雅的自责，以及对玛丽的关心。

德鲁斯基大夫对布罗妮雅说：

“当务之急是把她带到我们家中去，她这是饿的！我检查了一下，她这儿什么吃的都没有。而如果你要问她，她难保会说吃了，可实际上她这儿根本没吃的！真是不可思议！”

【语言描写】
姐夫诊断出玛丽的病症，并认为让她留在自己家调养比较好。

玛丽在姐姐家中，也没有经过什么特殊治疗，只是他们监督她必须吃一些富有营养的食物，再严格让她休息。过了不久，玛丽就恢复了健康。布罗妮雅坚决不让玛丽再回到那可怕的小阁楼上去了，但玛丽却着实留恋那只有一个天窗的小小天地，在那儿她可以心无二用地读书、思考，抬头仰望天窗外那一片夜空：有几只调皮的星星，总在那儿偷偷地窥视她的秘密，还愉快地向她眨眼。

【咬文嚼字】

心无二用：指做事要专心，注意力必须集中。

玛丽每次抬头看到它们时，心情就会感到无限温暖和轻松。

布罗妮雅最终拗不过倔强的妹妹，只好答应她，并多次叮嘱妹妹一定要注意身体。德鲁斯基大夫还郑重地对玛丽说：

【语言描写】

表现了姐夫对玛丽的关心和担忧，也从侧面反映了玛丽学习刻苦。

“取得学士学位当然重要，但你不能太性急。你那非凡的头脑会让你通过的，用不着玩命。”

玛丽也郑重地答应以后一定“要吃有营养的食品，要注意休息”，但她和布罗妮雅都缺乏保证做到这一点的经济力量。

不过，布罗妮雅此后还是尽可能多地去看望玛丽，并尽力帮助她改善饮食条件；而玛丽信守约定，也不时抽出时间到郊外去散散步。

【环境描写】

因为紧张的学业而疲惫的玛丽，能从美丽的大自然中获得力量。

郊外散步对安抚玛丽焦躁的心灵很有好处。绿阴覆盖的森林，起伏的山峦，湛蓝的天空……一切都显得那么温柔静谧，潇洒轻灵，圣洁幽秘。

每当玛丽投入翠绿幽雅的大自然的怀抱时，她总会自然而然地感到神采飞扬、飘逸柔和，似乎一切归于空寂，天、地、人融为一片混沌。这时她常常会深深感动地匍匐在草地上，让天籁在自己的心中回响……

1893年4月16日，玛丽在一次郊游时写了一封信给父亲。她在信中写道：

上星期日我到巴黎附近的兰西去了，这是一个好看而且可爱的郊区，丁香花和所有的果树都在盛开，连苹果树也开了花，空气里充满了花香。

在巴黎，4月初树就绿了，现在都发了叶，栗树已是满树繁花，天气热得像夏天，到处是一片绿色。我的屋子里已经开始燥热，幸而到7月预备考试的时候，我就不住在这里了，因为这间屋子只租到7月8日。

【环境描写】

玛丽对自然的热爱也反映在了她给父亲的信件中。

考试越近，我就越觉得没有预备好，万一实在准备得不够，我就等到11月再考，可是那样我的夏天就完了，我不太愿意。究竟如何，等到时候再说吧！

玛丽的打算是考试如果顺利通过，就赶快回华沙。

她是多么想念分别已经快两年的父亲啊！如果7月份不能参加考试，恐怕暑假就没那份心情回家了。

玛丽实在是多虑了。

7月份考完以后，她以全班第一名的成绩，被授予了物理学学士学位。

她太高兴了，这么好的成绩真令人高兴，更令人高兴的是她马上可以准备回波兰了！

【抒情】

抒发了她的思乡之情，也表现了她为自己的成绩而自豪。

拓展阅读

名师点拨

玛丽从姐姐家搬出后住在一间条件艰苦的阁楼上。为了节省时间和金钱，她只吃很少且没有营养的东西，最终因体力不支晕倒。后来在姐姐的照顾下，她逐渐恢复健康，并且顺利毕业。

回味思考

1.玛丽为什么不考虑和别人合租？

2.姐姐因为担心玛丽的健康，和她做了什么约定？

好词收藏

误解　打扰　传奇　不近人情　精打细算　承受

好句积累

◈ 玛丽从此独自一人居住，开始了她传奇般的、“斯巴达式不近人情”的艰苦生活。

◈ 为了节约时间，她几乎每天只吃涂黄油的面包和定量的胡萝卜、樱桃之类的生菜果实，尽量不生火做饭。

◈ 由于每天只能把食品控制在3法郎以下，她几乎很少有机会吃点肉食。

◈ 玛丽自己并不在意这种极端困苦的生活。她十分清楚，要想让能利用的钱坚持到取得学位的那一天，这些困苦是不能不忍受的。

◈ 玛丽也郑重地答应以后一定“要吃有营养的食品，要注意休息”，但她和布罗妮雅都缺乏保证做到这一点的经济力量。

新一轮的求学之路

名师导航

顺利获得学士学位后的玛丽有什么新的打算？玛丽的求学之路至此结束，还是一段全新的开始？而玛丽的背后又有一位怎样的贵人在默默帮助她呢？

“玛丽娅回来啦！”

斯可罗多夫斯卡先生心疼地看着脸色苍白、明显消瘦的小女儿，不禁怜爱地说：

“玛丽娅，我的女儿，你瘦了，瘦多了……你一定吃了不少苦头。”玛丽紧紧地拥抱着父亲，舍不得松手。两年的思念，全倾泻在无言的拥抱之中。

【语言描写】毕业回来的玛丽身体消瘦，父亲看到瘦弱的她不禁感到心疼。

在家中住了半个月左右，斯可罗多夫斯卡问玛丽下一步的打算是什么。玛丽本来还想再花一年多的时间取得一个数学学士学位，为自己今后的科学研究工作打下一个良好的基础，但是她怎么能够再向父亲说这种不近情理的话呢？父亲为了支持她读书，连一些老人应该享受的愉悦都放弃了，现在，她自己的存款已经全部用完，怎么能够再继续学习呢？她对父亲说：

“我不能再回巴黎了，数学学士学位考试只能放弃。”

【心理描写】描绘了玛丽父亲的内心矛盾，想女儿陪伴，心疼她，但又希望她能追求自己的梦想。

斯可罗多夫斯卡先生当然希望玛丽留在身边，而且他也不忍心让她再回到巴黎去受那炼狱之苦。但他明白玛丽的心思，知道她的追求，可他还能再帮助她吗？他老了，没有这份力量。玛丽尽力安慰父亲，说她实在舍不得再离开父亲、华沙和波兰。

正当玛丽准备放弃再去巴黎的希望时，奇迹出现了：她得到了一笔总数有600卢布的奖学金！这是她的好朋友迪金斯卡小姐为她争取到的一笔很不容易得到的“亚历山大奖学金”，这个奖学金是专门奖给那些学习成绩优秀的国外留学生的，让他们能在国外继续深造。当玛丽得知她获得了这一梦想不到的奖学金时，她真是高兴极了：她又可以在巴黎度过15个月，直到拿到数学学士学位为止了。

【咬文嚼字】**深造**：指不断前进，以达到精深的境地。

迪金斯卡小姐在索尔本时，常常用阳伞保护玛丽，使她免受那些自作多情的男大学生的殷勤之苦，现在她又向所有有关方面力陈玛丽如何必须得到这笔奖学金。

【语言描写】表现了迪金斯卡小姐与玛丽深厚的友谊，也从侧面反映了玛丽在学术方面的出色。

“如果这笔奖学金不给玛丽，那波兰就没有人有资格享受它了！玛丽如果因得不到这笔奖学金而辍学，那将是波兰的损失！”

发放这笔奖学金的部门被迪金斯卡小姐说服了，同意给予玛丽“亚历山大奖学金”。

玛丽满心欢悦地重返索尔本。1893年9月15日，玛丽从巴黎写信给约瑟夫：

我已经在一条干净、秩序良好的街上，租妥了我的住屋，租金是180法郎一年……比起我以前的租房，这儿简直是一座宫殿。

接着，玛丽又向约瑟夫诉说了自己的心情：

还用得着告诉你说我很喜欢回到巴黎吗？又离开父亲确实使我感到难过，不过我能看出他老人家很健康，可以暂时不需要我，尤其是因为你住在华沙，而我的一生都决定于在这里的学习……因此我觉得还可以再留在这里，无须感到内疚。

【心理描写】首句用反问的手法，表现了玛丽对巴黎的热爱。其余的心理活动反映出了她对父亲的不舍以及坚定的求学决心。

她还为她得到数学学士学位后回波兰做好了必要的准备，她在信的末尾写道：

我不久要给约瑟夫·勃古斯基表兄写信，请他把他实验室的情况告诉我。这将关系到我未来的工作。

【叙述说明】玛丽已经为未来的工作做好了准备，并写信告诉了自己的表兄。

约瑟夫不同意玛丽急于回波兰的打算，他劝她在法国拿到博士学位再说。他在1894年3月18日给玛丽的信中写道：

【语言描写】 玛丽的哥哥鼓励玛丽继续学业，不要担心他们。表现了哥哥对她的理解和关心。

我希望你能得到博士学位……我们任何一个人的生活似乎都不容易，但是那有什么关系呢？我们应该有恒心，尤其要有自信！我们必须相信，我们既然有做某种事情的天赋，那么无论如何都必须把这种事情做成。也许在我们的希望处于最小的时候，诸事反而会变得更好。

重返巴黎后更让玛丽高兴的是，当她再次出现在索尔本物理实验室时，李普曼教授高兴地对玛丽说：

【语言描写】 教授对玛丽的欢迎让她放下了苦恼和犹豫。

"你回来得正好，这个实验室很需要你在这儿工作。你还是可以像以前那样干下去！"

对于教授的鼓励，玛丽当然感到由衷的高兴，原先的焦虑和苦恼，在这儿荡然无存。

李普曼教授知道玛丽在经费上有困难，于是让玛丽参加一项有经费的课题研究，以补充她学习费用的不足。当时钢铁和机械工业正如日中天，发展得非常迅速，汽车工业、电力工业、铁路运输工业……都在加速发展；美国通用电气公司成立了，西伯利亚铁路动工了……这一切都加重了对钢铁的需求量和高质量的品位要求。但钢铁的磁化，却严重阻碍了机械工业的发展。于是，法国工业促进协会请求李普曼教授研究一个重要课题：各种钢铁的磁性性质。

阅读笔记

玛丽很高兴自己有机会参加由李普曼教授领导的科学研究，这是提高自己科学研究素质的最好途径。但有一个困难，没有适合的实验室供她使用。李普曼虽然有实验室，但却没有合适的地方让玛丽做实验。

【叙述说明】交代了玛丽在跟着李普曼教授做课题时面临的困难。

但玛丽又一次时来运转。正当她为实验室发愁时，瑞士弗里堡大学的物理教授科瓦尔斯基来巴黎做学术访问。科瓦尔斯基教授是波兰人，从小就认识玛丽，所以很关心玛丽的学习近况。当玛丽把她的困难告诉教授后，教授给她想了一个办法。

“我想起来了，我认识一位在理化学校工作的年轻教授，他是一位很出色的物理学家，而且乐于助人，很富有同情心。他一定可以帮助你，他的名字是皮埃尔·居里。”

【语言描写】通过科瓦尔斯基教授的话语，大致了解了居里教授，为玛丽的人生拉开了新的序幕。

“皮埃尔·居里？”玛丽第一次听到这个名字，很认真地问了一下。

“对……这样吧，明天晚饭后你到我家来喝茶，我把皮埃尔·居里也叫来，你们当面谈一下，好吗？”

玛丽当然同意了这个建议。

拓展阅读

名师点拨

好友为她争取来的奖学金、哥哥的支持和鼓励，以及教授的热情欢迎，让玛丽的求学之路很顺利地继续下去。但却没有实验室给玛丽做实验。

回味思考

1.玛丽为什么可以再次去巴黎学习？

2.玛丽重回学校跟着教授做课题研究时遇到了什么困难？

好词收藏

怜爱　打算　基础　不近情理　享受　安慰　放弃

好句积累

◈玛丽紧紧地拥抱着父亲，舍不得松手。两年的思念，全倾泻在无言的拥抱之中。

◈斯可罗多夫斯卡先生当然希望玛丽留在身边，而且他也不忍心让她再回到巴黎去受那炼狱之苦。

◈李普曼教授知道玛丽在经费上有困难，于是让玛丽参加一项有经费的课题研究，以补充她学习费用的不足。

皮埃尔·居里

名师导航

科瓦尔斯基教授想给玛丽介绍一个实验的伙伴皮埃尔·居里，那么这位年轻的教授是一个怎样的人呢？他和玛丽的会面顺利吗？二人之间的交往又会有怎样的发展呢？

现在，趁玛丽还没有见到皮埃尔以前，我们先介绍一下他的情况。

皮埃尔比玛丽大8岁，1859年5月15日出生在巴黎。他的父亲是一位医生。居里医生在行医养家糊口之余，还非常热衷于科学研究，经常在巴黎博物馆的实验室里做一些医学研究。

【叙述说明】交代了皮埃尔的身世背景，以及他父亲的一些基本情况。

皮埃尔从小喜欢独立思考，富于幻想，居里医生很懂得教育心理学，知道如果让皮埃尔进学校读书，他一定不会是好学生，相反还会损害他的自尊心和智力。因此，居里医生让皮埃尔接受一种所谓的“自由教育”，先让他在家里跟自己学，后来又请一位很优秀的教师教他。这种特殊的教育方法非常有效，结果皮埃尔18岁就成了理科学士，19岁成了索尔本理学院一位教授的助手。

1882年，当15岁的玛丽正就读于华沙一所公立高中时，23岁的皮埃尔已被任命为巴黎市理化学校的物理实验室主任了。1880年，他和他的哥哥雅克·居里发现了晶体的“压电效应”，即某些不对称的晶体（如石英、电气石、酒石酸钾钠等）在外加压力的作用下，由于极化而使其两端表面出现电势差的现象，这是“正压电效应”。

【解释说明】对皮埃尔和他哥哥雅克的科学发现进行了解释。

后来，他们继续这一实验，确定了产生压电效应的条件和变化规律，并于1881年发现了这一效应的逆效应（又称“逆压电效应”，即将某些晶体置于电场中，它们会发生弹性形变，这一效应又可称为“电致伸缩”）。他们还根据压电效应制造出非常精密的静电计，用以准确地测量非常微小的电量，这种静电计称为“五电石英静电计”。

皮埃尔在日后的研究中，又有许多卓越的发现。如居里精密天平、居里定律、居里温度……他对磁学的研究，至今仍是非常重要的。美国物理学家塞格雷曾高度评价了皮埃尔所做的贡献，他写道：

【叙述说明】列举了皮埃尔的一些卓越成就，表现了他在科研中的出色才能。

皮埃尔是第一个把今天我们称为“群论”的概念引进物理学领域的人，这些概念包括极矢量和轴矢量之间明确的区别，以及对称性在决定什么现象可能发生时的重要性……他的观点的重要性已与日俱增。在 1894 年初他遇见玛丽·斯可罗多夫斯卡时，早已有了很高的科学声望了。开尔文勋爵格外赏识他的才干。

开尔文勋爵是英国著名物理学家、热力学奠基人之一，在 1890—1895 年担任过伦敦皇家学会会长，在他任会长期间与皮埃尔有密切来往。

【叙述说明】对开尔文勋爵做了简要的介绍，他对皮埃·居里非常赞赏。

1894 年，皮埃尔已经 35 岁了，但他仍然是单身一人，没有结婚。他之所以成了“大龄青年”，实在是由于他过度沉迷于学问，害怕因为结交女朋友耽误了他做研究的大事。他是那种视事业为生命的学者。当然，他不愿意结交女友，也肯定与他对女性的看法有关。事实上，在遇见玛丽以前，他曾在日记中写道：

女人只为了生存而喜爱生命的程度，远胜过我们男人；天才的妇女是稀有的，一般说来，对于一个严肃的科学家来说，妇女是一个绝对的障碍。

【引用】表现了皮埃对女性的看法，或者说是偏见，这也是他多年保持单身的原因。

如今他已经 35 岁了，多年的生活经历依然没有使他改变对妇女的看法。但是，在 4 月一个春意浓浓的夜晚，他意外地遇见了玛丽·斯可罗多夫斯卡小姐，于是，奇迹在皮埃尔面前出现了：一个他以前从未料想过的神奇世界在他面前敞开了……

【外貌描写】
皮埃尔的着装和样貌，表现了他温和的性格和罕见的才干。

好，现在我们再回到科瓦尔斯基教授家里，在那儿，玛丽和皮埃尔见面了。在玛丽面前出现的是一个高个子青年人，穿着肥大而过时的服装，棕色的头发下有一双温和而熠熠发光的眼睛。他静静地靠在阳台门旁，表现出一种罕见的才智和个性。玛丽后来写道：

当我走进公寓时，皮埃尔·居里正站在阳台门旁一扇窗前的角落里。他看起来很年轻，虽然事实上他已经35岁了。引起我注意的是他眼睛中流露出的那种坦率的表情，以及他高高的个子所显示出来的那种没有什么矜持的风度。我喜欢他那种从容不迫的谈话方式。我也喜欢他的淳朴，以及他既严肃又充满朝气的笑容，我们开始谈论科学……

【外貌描写】
玛丽姣好的体态和温柔的面容深深吸引了皮埃尔。

在皮埃尔眼里出现的是一位严肃认真的年轻姑娘，她不仅体态优美，连那柔软的卷发、灰色的眼睛、宽大的前额也显得十分可爱；甚至连她那双散发着化学药品气味的手，都对皮埃尔很有吸引力。如果说两人见面后，玛丽对皮埃尔有好感，那么皮埃尔这位从来拒姑娘于门外的男子，却一开始就被玛丽深深吸引住了，当然其中也夹着相当大的好奇心：这位姑娘在巴黎苦读是为了什么？

他们两人很愉快地谈起了彼此都感兴趣的科学研究问题。也许是由于玛丽那种不懂就问的态度，和她那谦虚求知的情趣，使皮埃尔感到轻松、愉悦，并产生了一种尊敬，这个很少在姑娘面前说话的人，竟侃侃而谈。尤其是当他发现他用一些专用学术语言或数学公式谈自己的工作时，玛丽越来越兴奋，这时皮埃尔感到这个姑娘真非同一般。他还惊讶地发现，她甚至能够敏锐地发现一些细节上的问题，并与他讨论。当皮埃尔在不知不觉中流露出这种惊讶时，玛丽揶揄地说：

【场面描写】 玛丽谦虚温和的气质和对科学的热爱，让皮埃尔对玛丽十分中意。

“先生，我不明白，妇女能力有限，这种奇怪的见解您是从哪儿学到的？”

皮埃尔边讲边觉得一切变得多么古怪：他，一位专心致志的学者，竟在一位年轻姑娘面前大谈艰深的物理学问题！而且还郑重其事地！他觉得有些荒谬，但他仍然高兴地说下去……当玛丽端起杯子喝茶时，皮埃尔看见她的手指变了形，他明白这是实验室的强酸灼伤的结果，他被深深地感动了。他突然改变话题，问道：

【心理描写】 表现了皮埃尔对玛丽的重视，以及他在交谈时的愉快。

“您要住在法国吗？住很久，还是永远住下去？”

玛丽被这突然转变的话题弄得有点发蒙。过了好一会儿她才说：“今年夏天考试结束后，我就回到华沙去。我想秋天再回巴黎，但不知道能不能够做到。将来，我要在波兰当教师，波兰人没有权利抛弃自己的国家。”

【语言描写】 表现了玛丽对未来的打算，同时也反映了她的爱国心。

这时，科瓦尔斯基夫妇也加入了他们的谈话，于是这 3 个波兰人开始谈到波兰的屈辱和他们义不容辞的责任。皮埃尔发现玛丽在谈到波兰的未来时，十分激动，认为自己对波兰的复兴有着不可推卸的责任。这使皮埃尔感到生疏而不可理解，这位在自由国度生长起来的学者，认为科学家唯一的责任就是关心科学事业的进展，一切与科学无关的事情都不应该过问，可这位天赋很高的玛丽·斯可罗多夫斯卡小姐却要去阻止沙皇的暴政。皮埃尔的世界很大，但也很小，对科学以外的事情他以前很少去考虑。

【心理描写】 皮埃尔对玛丽的爱国热情十分不理解，他对除了科学以外的事物一概不关心。

不过，他仍然愿意去拜访玛丽小姐，而且他惊讶地发现自己越来越迷恋这位波兰姑娘了。几天不见，他竟然坐卧不宁，想着法子去见她。有一次，他正好出版了一本书《论物理现象中的对称性原理》，于是他在扉页上工整地写道：

“著者皮埃尔·居里谨以尊敬和友谊赠送给斯可罗多夫斯卡小姐。”然后以送书为托词，到李普曼的实验室去找她。

皮埃尔的礼物得到了报偿：玛丽允许他到她的小房间去做客。这可不是一般的允诺了，至少皮埃尔是这么认为的。

【叙述说明】 这是玛丽对皮埃尔态度的转折点，说明两人的关系在进一步拉近，为下章的情节埋下伏笔。

拓展阅读

名师点拨

皮埃尔·居里在认识玛丽前就是一位有出色成就的科学家，但是对女性有偏见。两人相识后一见如故，愉快地聊着最新的科技和实验，感情也逐渐升温。

回味思考

1.皮埃尔·居里为什么多年一直单身？

2.两人见面后对彼此的印象是怎么样的？

好词收藏

热衷　规律　准确　评价　密切　沉迷　料想　熠熠

好句积累

◈ 居里医生在行医养家糊口之余，还非常热衷于科学研究，经常在巴黎博物馆的实验室里做一些医学研究。

◈ 在玛丽面前出现的是一个高个子青年人，穿着肥大而过时的服装，棕色的头发下有一双温和而熠熠发光的眼睛。

◈ 不过，他仍然愿意去拜访玛丽小姐，而且他惊讶地发现自己越来越迷恋这位波兰姑娘了。几天不见，他竟然坐卧不宁，想着法子去见她。

喜结连理

名师导航

在皮埃尔的声声挽留下，离开巴黎的玛丽接下来会做何选择？是回到巴黎做科学研究，还是留在波兰？另一方面，相互吸引的两人之间又会擦出什么样的火花呢？

当皮埃尔看见玛丽的房间那么狭小、简陋时，心中十分难过，他本人也向来不愿意追求物质享受，但他没有料到玛丽的生活竟如此贫困，简直让人无法想象。他问玛丽：

“您是怎么生活过来的？”

“啊，我每月有100法郎，每天可以用3个法郎……”

“100法郎一个月？这么一点钱怎么能够您支付房租、伙食……”

“您少见多怪了，其实我的生活并不像您想象的那么糟。我很少待在家里，整天都在实验室，或者去

【语言描写】表现了玛丽生活的艰辛和节俭，同时也表现了皮埃尔对此的吃惊。

大学听课；晚上我到图书馆去，一直到10时才回家。因此，我只需准备少许照明用的煤油就行了。”

皮埃尔虽然还是不大理解玛丽是怎么过日子的，但他懂得她有一种了不起的信仰和自信心，是一位了不起的女性，令人肃然起敬。

【咬文嚼字】

肃然起敬：肃然，恭敬的样子。起敬：产生敬佩的心情。形容产生严肃敬仰的感情。

皮埃尔带玛丽去找理化学校的校长舒琴柏克先生，请求让她在自己的实验室里做些实验工作，这个请求被允许了，因为舒琴柏克先生很器重皮埃尔。于是玛丽和皮埃尔可以天天在实验室里相见，他们之间的情谊也逐渐由“浅蓝”转变为“深蓝”。

6月份的一个星期天，皮埃尔带上玛丽到他父母家去，他父亲想见一见二儿子的女朋友。这两位老人很高兴二儿子终于找到了一位“了不起”的姑娘。

【叙述说明】

交代了玛丽与皮埃尔父母相会的时间，以及两位老人对她的喜爱。

玛丽在皮埃尔家中度过了非常愉快的一天。皮埃尔的父亲居里医生也是一个高个子，深蓝的眼睛炯炯有神。听皮埃尔说，他父亲脾气暴躁，但人很聪明，而且非常善良；皮埃尔的母亲身体多病，但仍然有精力操持家务，居里医生在她的妥帖照顾下生活得相当愉快。

玛丽惊讶地发现，这个家庭与她的家庭竟然极为相似，只要将某些细节稍加改变，居里的家就俨然成了斯可罗多夫斯卡的家。两个家庭都重视对文化、科学知识的追求，都热爱大自然，都有和睦的家庭，也都有家庭成员间睿智、幽默的谈话……玛丽喜欢这个家庭，两位老人也承认玛丽是一位“了不起”的姑娘。

【叙述说明】

列举了玛丽和皮埃尔两个家庭的相似之处，这让玛丽也喜欢上了这个家庭。

1894年7月,玛丽按计划以优异的成绩通过了数学学士学位的考试。她在这一阶段的学习任务终于胜利完成了!

但是,考试合格就意味着要离开学习了3年的巴黎,离开认识了3个月的皮埃尔。

玛丽离开巴黎时,皮埃尔送她上火车,临分手时,他郑重、深情地对玛丽说:

【语言描写】表现了皮埃尔对玛丽的不舍和留恋,同时也反映了他对玛丽科学研究能力的肯定。

"你要答应我,10月份一定要回来。答应我,你留在波兰就不能继续研究了,你现在没有权利抛弃科学。"

玛丽心里很乱,各种思绪纷至沓来,千言万语,不知从何说起:

"我……自己也不知道能不能答应你。"

"我有信心,你一定会回来的,巴黎的实验室需要你,我……"

阅读笔记

最后的几句话,被火车汽笛声湮没。皮埃尔向玛丽挥挥手,心中顿然若有所失地望着火车在轰隆声中远去,直到它消失在远处的建筑物后面……

皮埃尔说得不错,巴黎实验室的确需要玛丽,日后她为法兰西共和国(当然也为波兰)增添了无上荣光就充分证实了这一点;皮埃尔有"信心"等待玛丽的回来,他没有说错,因为玛丽在10月份果真再次回到了巴黎。

【叙述说明】引出下文,预示了皮埃尔在这一年将发生的两件好事。

1895年是皮埃尔的双丰收之年。由于玛丽的督促,皮埃尔克服了那种单身男子通有的懒散的毛病,终于完成了他的博士论文《在各种温度下物质的磁性》。博士论文顺利地在3月份通过，而后他立即被任命为理化学校的教授。这年7月26日，玛丽经过一年多的迟疑和考虑，终于和皮埃尔结婚了。

【叙述说明】 交代了皮埃尔的事业发展，以及他和玛丽的婚姻大事。

他们的婚礼简单得不能再简单了，似乎没什么可说的，但是，我们相信读者看了艾芙的描述后，一定会深受感动。艾芙动情地写道：

7月26日，玛丽最后一次在她租的小屋子里醒来。天气好极了。这个年轻女子的脸很美，露出一种她的同学们没有见过的神气。今天，斯可罗多夫斯卡小姐就要成为皮埃尔·居里夫人了。

她梳好她那极可爱的头发，穿上她的结婚衣服，这件衣服是德鲁斯基大夫的母亲送的礼物，她现在也住在德意志路她儿子那里。

玛丽对她说："我只有每天穿的这一件衣裳，如果您好意要送一件给我，我想要深颜色、实用的，将来我还可以穿着它到实验室去。"裁缝格莱夫人在布罗妮雅的指导下，给玛丽缝制了一套海军蓝的毛料衣裳和一件蓝底浅蓝条纹的上衣。玛丽穿上显得又美丽又年轻。

【语言描写】 表现了玛丽的节俭，也表现了她时时刻刻对实验的关心。

……没有白礼服，没有金戒指，没有"喜筵"，没有宗教仪式……也没有公证人，因为这对夫妇除了前一天用一个表亲寄来的礼金买的两辆崭新的自行车外，几乎一无所有。那一年夏天，他们就骑着那两辆自行车在乡间漫游。

【叙述说明】 玛丽和皮埃尔的婚礼没有任何花哨的仪式和装饰，表现了两人不贪图虚荣华贵的个性。

是的，这真是一个美妙的婚礼，参加的没有漠不关心、好奇或嫉妒的人。在西奥镇市政厅里，在萨布隆路皮埃尔的父母的花园里，有布罗妮雅夫妇，还有几个十分亲近的朋友——大学里的同事，斯可罗多夫斯卡先生和荷拉也从华沙赶来了。

斯可罗多夫斯卡先生用最正确、最文雅的法语和老居里医生谈话，他把这看成是颜面攸关的大事……

【语言描写】表现了他对玛丽的喜爱，同时也从侧面反映了玛丽的乖巧懂事。

他首先很动情地低声对老居里医生说了句发自善良心坎的话："您会发现玛丽是个值得疼爱的女儿。自从她降生以来，她从没有使我痛苦过。"

1896年8月，玛丽通过了大学毕业生担任教师的资格考试，而且她还取得了第一名的好成绩。皮埃尔很为玛丽骄傲，作为奖赏，他带她游历了整个法国。随后，玛丽在舒琴柏克的支持下，在理化学校谋得了一个职位，与皮埃尔一起在实验室里工作。

【叙述说明】玛丽当了妈妈还要努力做研究、写论文，表现了她对科学的热爱。

1897年，玛丽怀着身孕完成了论文《淬火钢的磁特性》，这显然是李普曼教授原先那个课题的研究方向。这项研究告一段落后，玛丽面临两个大任务：第一，她要做妈妈了，9月12日，她的大女儿伊莲·居里出生了；第二，她需要寻找一个合适的博士论文研究课题。

相比较而言，恐怕第二个任务更艰难，对于科学研究者来说，选择正确的研究课题至关重要。有人说：方向选择对了，就成功了一半。这话颇有道理。

好在这时正是19世纪和20世纪之交，正处于激动人心的科学时代，有才干的人找研究方向并不太让人为难。

拓展阅读

名师点拨

玛丽在拿到了第二个学士学位后短暂回到波兰，后又决定回到巴黎继续攻读博士学位。在此期间，玛丽被皮埃尔的真心打动，两人结婚生子。

回味思考

玛丽和皮埃尔的婚礼是什么样的？

好词收藏

简陋　肃然起敬　允许　操持　睿智　郑重　纷至沓来

好句积累

◈ 当皮埃尔看见玛丽的房间那么狭小、简陋时，心中十分难过，他本人也向来不愿意追求物质享受，但他没有料到玛丽的生活竟如此贫困，简直让人无法想象。

◈ 皮埃尔虽然还是不大理解玛丽是怎么过日子的，但他懂得她有一种了不起的信仰和自信心，是一位了不起的女性，令人肃然起敬。

◈ 于是玛丽和皮埃尔可以天天在实验室里相见，他们之间的情谊也逐渐由“浅蓝”转变为“深蓝”。

居里夫人的博士论文

名师导航

居里夫人在攻读博士学位的时候，科学界有着怎样的发展和发现？她选择了怎样的论文课题？她又是如何一步步进行研究的？

19世纪末，正当物理学家们为经典物理学的辉煌胜利举杯祝贺时，正当一部分科学家宣称物理学的大厦已经最初建成之时，从1895年（正是玛丽和皮埃尔结婚的那一年）起，一系列从未预料到的伟大发现突然迅速地相继涌现。

【社会环境描写】交代了当时的社会背景，物理学科迎来了一个春天。

首先是1895年12月德国物理学家伦琴发现X射线；接着，法国物理学家贝克勒尔于1896年3月发现铀元素的天然放射性；再过一年，英国的物理学家J.J汤姆逊又发现了电子……这一系列的发现，在物理学家、化学家面前展示出了一个光怪陆离、变幻莫测的神奇世界。

关于贝克勒尔发现放射性元素的消息报道后，并没有在科学界引起轰动。而此时居里夫人正面临的一个任务，是选择博士论文研究的课题，于是她在大量文献中寻找她感兴趣的研究课题。

在阅读了近几年的科学期刊后，居里夫人注意到了贝克勒尔教授的关于铀射线的论文。这种铀射线颇有点神秘兮兮的，而且有一个问题让她不明白：铀射线的能量是从哪儿来的？这个问题也是一直以来困扰贝克勒尔和许多科学家的一个问题。玛丽觉得这个问题很值得研究。

她曾说过：这项研究很有吸引力，它是全新的，还没有人做过深入的研究。在与皮埃尔商量了以后，她决定以这个问题作为自己博士论文的研究课题。

居里夫人的决定聪明而又大胆。首先，这个能量来源的问题十分棘手，用已有的科学概念几乎无法对它做出解释，可玛丽偏偏选中这种难度大、内容新颖的研究课题，非大智大勇者不敢为也！

其次，当时世界上还没有任何一个女人想要成为理科博士，她明白，要想同男人建立平起平坐的关系，她的论文必须有独特的内容和实质性的科研成果。

再次，居里夫人也许是怀着又惊又喜的心情发现，贝克勒尔的重要发现尚未被人们重视，几乎还没有人做进一步的研究，因此，选这个题目做研究，取得成功的机会会比较大。

但与此相随的困难是参考文献太少，几乎一切都

【咬文嚼字】

神秘兮兮：兮兮：语气助词，加强感情色彩的作用。意思就是很神秘的样子。

【语言描写】

表现了居里夫人对科学研究敏锐的直觉，以及敢于挑战的勇气和决心。

【抒情】

表达了对居里夫人的勇气和智慧的感叹以及赞赏。

得自己从头干起。玛丽还发现除了贝克勒尔1896年提交的几篇学术报告以外，再也找不到其他参考资料了。

1897年底，居里夫人在皮埃尔的帮助下，在理化学校找到了一间以前用来存放东西的小房间作为她的实验室。刚启用时，房里到处是厚厚的灰尘，霉气的味道足可以让人闻了就立即作呕，而且，可以说什么仪器都没有。居里夫人对这些困难都不在乎，她为有了可以做实验室的地方而满心喜悦：

【环境描写】 异常简陋的实验室环境突出了居里夫人工作的艰苦，体现了她对科学研究的热情。

“好了，我开始有了自己的第一个实验室！”

是的，这儿的确是居里夫人的“第一个实验室”。

以后她又换过许多次实验室，但这儿却是起点站，而且她要研究的是如此重要的课题，因此，她兴奋而满意的心情是完全可以理解的。

把必需的仪器筹备得差不多以后，居里夫人立即开始着手重复贝克勒尔做过的实验——测铀射线的强度，可是这些方法无法做出定量的控制和测量。

【咬文嚼字】 **筹备**：筹：谋划。为进行工作、举办事业或成立机构等事先筹划准备。

其实，贝克勒尔在发现铀元素的天然放射性的时候，就发现它有3种效应：可以使照片底片感光、可以使气体电离、对不同的物质具有不同的穿透力。

【解释说明】 交代了铀元素的3种效应，为下文提到的“忽略了两种元素”做呼应。

但可惜的是他在发现新的辐射现象后，由于继续沿用照相法进行测定，而无法做出定量分析，从而完全忽略了另外两种效应。居里夫人的高明之处，是她利用了新放射性的电离效应，从而可以用补偿法测出铀射线的强度。

通过以上非常细致和耐心的测量，她证实了铀射线的强度仅与铀化合物中铀的含量成正比，与化合物的组成无关，也不受光照、加热、通电等诸多因素的影响。

这样，居里夫人进一步证实了贝克勒尔的结论：铀射线的发射是一种原子过程。

当居里夫人精确地、定量地测定了铀射线以后，她作为一位优秀科学家的素质在这时充分地显露出来了。

她越是研究得深入，越是感到铀射线具有一种非同寻常的性质，与以前所有的研究结果大不相同，于是，她正好在贝克勒尔止步的地方勇敢地向前迈出了一步，虽然现在只观察到铀可以自动发射“铀射线”，但是并没有任何理由可以证明只有铀元素是唯一能发出这种射线的化学元素。别的元素就不能发射这种射线吗？贝克勒尔也许是由于一种偶然的原因先在铀元素里发现了它，但若因此就把它设定为只有铀元素才具有的发射本领，那未免有些以偏概全了。

于是，她决定检查“当时知道的所有元素”。她先找来几种矿石和化学物品，一一做了试验。

1898年初取得的初步结果表明，绝大多数材料的游离电流小于0.3×10安培，而沥青铀矿石可达到83×10安培，氧化铁可达到53×10安培。这样，居里夫人就得出了一个结论：钍也是一种放射性元素。她

【叙述说明】 交代了居里夫人的研究成果，表明了她作为一个科学家的优秀素质。

【咬文嚼字】 **非同寻常**：寻常：平常，形容人或事物很突出，不同于一般。

【心理描写】 居里夫人对铀元素产生一系列的疑问，引导着她不断地实验和探索。

【叙述说明】 交代了居里夫人的又一个科学发现，她对放射性元素方面的研究颇为权威和深入。

在1898年4月12日的报告中写道：

我们研究了贝克勒尔发现的空气在铀射线作用下电导率改变的情况，想弄明白，除了铀化合物以外，其他物质是否也可以使空气获得导电的能力……两种铀矿物——沥青铀矿（氧化钢）和铜铀云母（磷酸铜和磷酸钠酸）的放射性要比铀本身强得多。这个事实是非常值得注意的，它使人不得不认为，在这些矿物中显然含有某种元素，而且它的放射性比铀大得多……钍化合物的放射性是很强的。氧化钍的放射性甚至超过金属铀的放射性。钍射线的穿透本领也比铀射线大。

【叙述说明】

在文中起到承上启下的作用，预告了居里夫人的下一个惊人发现。

在这关键时刻，居里夫人在思想上发生了一个飞跃。

她甚至还产生了一个大胆的设想：既然放射性是一种原子特性的表现，那么更强的放射性当然表明有新元素的存在。

这种推理十分合乎逻辑，但它仍然只是为新的放射性元素的存在提供一种推断，进一步的任务当然就是要找到这种新的元素。居里夫人那种说干就马上干、要干就干到底的刚毅气质，这时就充分显示出了它的作用。她知道要从矿石中提炼出这种极其微量的元素绝非轻而易举的事，但她下定决心要投入到这一艰难而又意义重大的化学分析中去。

【咬文嚼字】

轻而易举：轻、易：容易，做起来不费事。而：像，达到；举：举起手。形容事情容易做，不费力，省事。

发现一种新元素，这是一个色彩斑斓的、美丽的梦想，是一个非常吸引人的研究目标！从古到今几千年，也不过才发现80种左右的元素，每种新元素都使发现它的幸运者在科学史上永久驰名，如果她能再增添一种，那该是一件多么有价值的、多么吸引人的研究啊！

【抒情】抒发了对居里夫人的惊人成就的赞叹和感慨。

拓展阅读

名师点拨

居里夫人在攻读博士学位的时候，物理学发展迅速，很多新课题应运而生。她选择了一个新颖而具有挑战性的课题，并为之竭力研究。最终她获得了颇有价值的研究成果。

回味思考

1.居里夫人是如何选定博士论文的课题的？

2.居里夫人经过研究发现了元素“铀”的哪两个新效应？

好词收藏

辉煌　预料　涌现　轰动　神秘兮兮　深入　新颖

好句积累

◈ 在阅读了近几年的科学期刊后，居里夫人注意到了贝克勒尔教授的关于铀射线的论文。

◈ 她曾说过：这项研究很有吸引力，它是全新的，还没有人做过深入的研究。

◈ 刚启用时，房里到处是厚厚的灰尘，霉气的味道足可以让人闻了就立即作呕，而且，可以说什么仪器都没有。

新元素“钋”

名师导航

玛丽深陷未知元素的魅力之中，那么她的丈夫此时会有何举动？居里夫妇两人是合作还是分道扬镳？结果又是怎样的呢？

皮埃尔这时也认识到了玛丽的研究有重大价值，于是决定暂时中断他自己在晶体方面的研究，与她合作共同寻找这隐藏得很深、很巧妙的未知元素。

皮埃尔没料到的是，他的这一“暂停”竟一直延续到他不幸去世为止。从此，在那小小的、潮湿的“实验室”里，有两个人在那儿为人类的科学事业拼搏、奋斗，完全不顾一己的私利，鞠躬尽瘁，死而后已！而且从此他们两人的研究不可能再分辨出“你的”和“我的”了，直到上帝让他们分手，他们的合作，是人类科学史中最美妙的一曲交响乐，至今对人们仍有极大的感召力。

【抒情】抒发了对居里夫妇不为私利，为科学奋斗终生的赞美之情。

他们以放射性为基础，采用分步结晶这一新的化学方法，从沥青铀矿中分离出新的放射性物质。1898年7月，他们两人开始联名发表文章。他们的第一篇文章的题目是《沥青铀矿中的一种新的放射性物质》。

为了将不同的元素分开，需要很好的设备，但居里夫妇没有，他们只好用“土法”苦干，先用他们的静电计设备测定沥青铀矿矿石成分具有的放射性强度，以此为线索追踪放射性元素隐藏在什么成分中。他们两人在实验室常常是通宵达旦地干，有时连饭也顾不上吃。居里夫人更加辛苦，她还要给女儿伊莲喂奶，一天得往家里跑几次。

【叙述说明】表现了他们在做研究期间的艰苦，更衬托出这份研究成果的来之不易。

几个月过去了，在不知不觉中，实验室的窗子射进的阳光开始灼热逼人，原来是夏天来临了。他们没有白费时光，在这几乎和外界断绝来往的几个月里，他们终于将沥青铀矿中所有成分都分离开了。让他们又惊又喜的是：他们发现的不是一种具有放射性很强的化合物，而是两种！其中一种是沥青铀矿中含钡的化合物，另一种是含铋的化合物。这就是说，如果他们的推断合理的话，则一种新元素隐藏在含钡的化合物里，另一种隐藏在含铋的化合物里。

【解释说明】阐述了居里夫妇发现的两种新元素，以及它们存在的地方。

他们又进一步确证，在含铋的化合物中，铋的放射性并非来自铋本身，而是混在铋内的一种极其微量的元素。经过反复实验，他们认为可以利用两种金属溶解度不相同的特点进行再分离。加水使铋盐溶解后，从首先沉淀下来的渣滓中找到了放射性特别强的物质。

【咬文嚼字】

激动：指激荡；由于受到刺激而感情冲动。

新的发现正向他们热情地招手！

他们怀着激动而急迫的心情，加快了工作的进程。到1898年7月的一天，他们终于在铋的化合物里找到了一种新元素。

那天晚上他们回到家时，皮埃尔发现玛丽陷入了沉思之中，久久地不说一句话。皮埃尔没有打扰她，知道她一定是在想什么重大的事。突然玛丽激动地抓住皮埃尔的手说：

【语言描写】

解释了元素“钋”这个名字的由来，表现了居里夫人对祖国的热爱。

“我侨居在远离祖国的土地上，可怜的祖国已经从地图上消失了，但是我要让祖国的名字永远铭刻在人们的记忆中。我想把我们刚刚发现的、在某种意义上来说是被解放了的元素叫作钋。”

这一决定充分说明，居里夫人现在虽然已经是一个法国人了，而且正在崭露头角，有望成为一名优秀的物理学家，但她并没有背弃她青年时期的志向和热情，没有忘记波兰人仍然在俄罗斯的奴役下痛苦地生活着。

她不仅建议把新元素取名为钋，而且还把他们合作的第一篇论文在法国还没有发表之前，就寄一份给波兰的表兄勃古斯基。我们一定还记得，玛丽正是在勃古斯基领导下的实验室里迷恋上自然科学和实验的。后来，他们的论文差不多同时在法国和波兰发表。她的这一行动，想必一定会使斗争中的波兰人民大受鼓舞，使他们在苦难中看到了光明的未来！

【抒情】

表现了波兰人民因为玛丽的这一举动获得的鼓励和希望。

在他们的第一篇文章中，他们写道：

有些含铀和钋的矿石（沥青铀矿、铜铀云母、非晶铀矿等）放射贝克勒尔射线的性质很强……如果有些矿石的放射性比纯粹的铀和钋还强，那就可能含有一种比上述两种金属还强的物质。

我们想尽办法分离存在于沥青铀矿中的这种物质……在不同的过程中，越到后来产生的放射性越强。最后，我们得到的是一种放射性比铀强400倍的物质。

沥青铀矿是一种成分复杂的矿石，它以铀为主，另外则含有多种其他元素的杂质，包括银、铜、铋、钡、锶和钴等金属的化合物，这些杂质中究竟哪一种成分含有放射性呢？这只能靠化学方法分离后，再用静电计比较其游离电流的大小才能鉴别。

【解释说明】

罗列了一系列沥青铀矿中包含的成分，表现了其构成的复杂性，从侧面反映了居里夫妇做分离实验的高难度。

这样，他们一边用物理仪器测试，一边进行化学分析，结果发现含铋的成分显示出强烈的放射性，其强度比同样质量的铀强400倍！据此，他们在论文中继续写道：

【叙述说明】

使用强调句式，说明了铋具有很强烈的放射性。

我们研究了已知的元素，看是否有放射性物质；我们几乎检查了所有元素的化合物……在进行化学研究时，我们密切注意观察在工作的各个阶段分离出来的物质的放射性情况。分离出来的每一种物质都放在电容器的一个板上，然后用静电计和压电石英仪器测量空气的电导率。

最后只剩下铋的放射性。因此，我们认为从沥青铀矿提炼出的物质中有一种尚未被发现的金属，通过分析，发现它的化学性质与铋接近。如果证实这种元素确实存在，我们建议用我们两人中一人的祖国来命名，称它为钋。

【叙述说明】

交代了居里夫妇正式宣布新发现的日期和宣读人。

1898年7月18日，他们把这一发现提交法兰西科学院，由李普曼宣读。但是，科学院不予承认，这主要是人们的保守思想在作怪。居里夫妇认为，用放射性方法检测、寻找新的元素是一种很有希望、很有效的化学分析方法，他们认为这种方法比光谱学分析方法更灵敏。但是，由于人们对放射性所知不多，因而不大相信可以用放射性方法来寻找、确定新的元素，仍然认为只有用元素的特征光谱才是确定新元素唯一可行的方法。科学院也拒绝把放射性方法作为识别元素的依据。除此之外，科学院还认为从化学角度来看，钋的化学特性和铋的化学特性十分相近，未必是一种新的元素。直到几年以后，居里夫妇成功地提炼出纯净的钋盐，并得到了钋的特征光谱后，科学界才承认了钋的存在。

【叙述说明】

连科学院这样的权威机构也对钋元素持否定、怀疑的态度，进一步说明居里夫人的科学探索之路十分艰难。

拓展阅读

名师点拨

居里夫妇二人联合起来，研究未知的化学元素。两人通过元素的放射性，发现了新元素，并为了玛丽的祖国，将其命名为“钋”。后因科学院的保守思维，这个元素的认证推迟了好几年。

回味思考

1.居里夫人为什么把新发现的元素叫钋？

2.科学院一开始为什么不承认钋的存在？

好词收藏

隐藏　巧妙　未知　鞠躬尽瘁　灼热　急迫　充分

好句积累

◈ 皮埃尔这时也认识到了玛丽的研究有重大价值，于是决定暂时中断他自己在晶体方面的研究，与她合作共同寻找这隐藏得很深、很巧妙的未知元素。

◈ 从此，在那小小的、潮湿的“实验室”里，有两个人在那儿为人类的科学事业拼搏、奋斗，完全不顾一己的私利，鞠躬尽瘁，死而后已！

“镭”的发现

名师导航

居里夫妇在发现了新元素“钋”之后又投入到了什么新的工作中？这次的研究让他们有了什么新发现？另一方面，居里夫人作为一个母亲有没有尽其责任照顾好女儿伊莲呢？

【叙述说明】夫妇俩在实验室艰苦研究了几个月后终于能在大自然中得到几天喘息的时间，放松身心。

找到了钋元素以后（虽然科学院暂时没有承认），他们两人决定休假一次，作为对艰苦工作的报偿。他们乘火车去了法国南部奥弗涅，到大山和森林中呼吸新鲜空气。在实验室里呼吸了几个月各种化学药品放出的毒气后，呼吸到沁人心脾的空气，真是一种高级享受。他们整天漫步在田野、森林、山丘之中，尽情地在大自然的环抱中体验生命和大自然的美，让他们内心的和谐与大自然神奇的和谐发生共鸣。当然，在流连于野外时，他们并没有忘记讨论新元素钋和另外一种亟待他们去发现的新的放射性元素。

1898 年 9 月份，他们又回到那间小小的实验室，以新的热情急不可待地投入到继续寻找新元素的工作中。但这时发生了一件让玛丽感到伤心难过的事情。她的姐姐布罗妮雅和德鲁斯基大夫决定回波兰去，在波兰南部喀尔巴际山麓的一个地方开办一所肺结核病疗养院。他们和玛丽一样，时刻不能忘怀自己的祖国，因此决定回去为改善波兰人民的生活贡献自己的一份力量。玛丽虽然感到难分难舍，但心中仍然为布罗妮雅他们的选择而感到骄傲。

1898 年 12 月 2 日，玛丽在给布罗妮雅的信中写道：

你想象不到你给我留下的空虚之感。你们两个人一走，除了我的丈夫和小孩以外，我对于巴黎一无留恋；而且除了我们的住房和我们工作的学校之外，现在我似乎觉得巴黎已经不存在了……

这时，居里夫妇正在为寻找另一种放射性新元素而殚精竭虑，除此之外，居里夫人还得非常用心地照料女儿。他们很穷，收入不高，得精打细算才能让一家 3 口人正常地生活下去。她在一本食谱上写道：

我用 8 磅果子和等量的冰糖，煮沸 10 分钟，然后用细筛滤过，这样可以得到 14 罐很好的果冻，不透明，可

【咬文嚼字】

急不可待：急得不能等待。形容心情急切或形势紧迫。只能用于形容人的心情。

【心理描写】

表现了玛丽对姐姐和姐夫的不舍，同时也为他们的决定而感到自豪。

【叙述说明】

夫妇两人在事业上竭尽全力做研究，同时还要照顾年幼的女儿，可见生活艰辛。

是凝结得很好。

对于女儿的成长，年轻的妈妈也细心地做了许多记录。例如：

【叙述说明】

玛丽细致记录了女儿成长的点滴，表现了她作为一个母亲的温馨。

10月17日：

伊莲已经学会走路，她不再爬了。

1899年1月5日：

伊莲有15颗牙了！

也正是在这期间，居里夫妇寻找第二个新的放射性元素又获得了成功。

【叙述说明】

交代了第二篇论文发表的时间、期刊以及题目。

1898年12月6日法国的《论文汇编》上发表了他们的第二篇文章《论沥青铀矿中含有一种放射性很强的新物质》。在论文中他们写道：

在研究过程中，我们又发现了第二种放射性非常强的物质，其化学性质与第一种(即钋)完全不同。例如，钋在氨的作用下安全沉淀，而新发现的物质和钡的化学性质很相似，它不会在氨的作用下沉淀。用硫化氢、硫化铵或氨都无法使之沉淀。而且像钡一样，其氯化物溶于水，却不溶于浓盐酸和酒精。由它可得到钡的光谱，那是很好认的。但我们相信，这种物质尽管绝大部分由钡组成，但必定有一种产生放射性的新元素，其化学性质极其接近于钡。

【心理描写】

解释了居里夫妇对某种新物质的猜测。

……我们取得了这种物质的氯化合物，它们的放射性要比类似的铀化合物强900倍。

德马尔赛对我们的新物质进行了光谱分析，发现了一条光谱线(3814.8埃)，这条光谱线不属于任何已知的元素。这条线的强度随着含这种物质较多的氯化合物放射性的增加而增加……

接着，居里夫妇有信心地写道：

种种理由使我们相信，新的放射性物质中有一种新的元素，我们建议将它命名为镭。

【引用】
表现出居里夫妇的自信。

他们在文章中还给出明确的实验对照：钋和镭的放射性比铀和钍大得多。底版在钋和镭的作用下30秒即可得到极清晰的影像，而如果用铀和钍就要几小时才能得到同样的结果。

镭的发现为科学家提供了比铀强几万倍的射线源，所以使放射线的研究突然变得十分活跃起来。这从有关放射线论文的增加即可看到这一变化。按照德国文摘杂志《物理学进展》的统计，其增加情况如下：1896年7篇，1897年7篇，1899年18篇，1900年39篇。而且，1899年法国已获得工业处理镭原料的成功；到1900年，德国已制造出含镭的钡化物产品，在商业领域流通。英国著名科学家卢瑟福也在烟草商巨富麦克唐纳的资助下，购买了新的强放射性物质，

【叙述说明】
列举了居里夫妇发现“镭”后的几年，相关论文的数量，其逐渐增长的趋势体现了这个新元素发现的重要性。

并展开了卓有成效的研究。

但人们对于居里夫妇的发现仍有很多非常谨慎的看法。这是很正常的事情，人们也有权利提出问题，而且正是因为人们提出了许多怀疑的问题，才使得放射性和钋、镭元素的进一步研究取得迅速进展。在科学界有一种很不好的现象，不少科学普及作品和某些科学史专著，总喜欢千篇一律地把反对者、怀疑者描述成“顽固不化的”“阻碍科学前进的”势力，甚至连爱因斯坦因不同意量子力学的诠释也背上这种恶名。

【社会环境描写】描述了当时科学界一种不好的现象，即：对反对者有偏见。

其实，在科学研究中如果没有各种各样的反对者、怀疑者，科学是根本无法前进一步的。

对于新元素的发现，化学家更是素来十分谨慎的。按照一般的习惯，一种新元素只有在看见了它、接触了它、称量过它，用各种酸加以对比，把它放进了瓶子里，并确定了它的原子量后，化学家们才会相信它的存在。而现在没有一个人见过纯净的镭和钋，也不知道它们的原子量，因此抱怀疑态度的化学家不少；还有一些比较保守的化学家更明白地宣称：

阅读笔记

没有原子量，就没有镭和钋。把它们的原子量测出来，放在瓶子里让我们看见它们的纯晶，我们就相信，否则无法相信！

【语言描写】表现了一些保守派化学家对居里夫妇发现的新元素的质疑。

物理学家们与化学家们不同，他们关心的是放射性元素活动的规律（皮埃尔也是如此）。因为天然放射性违背了几个世纪以来学者们建立起来的物理规律，因此他们是有怀疑的；持谨慎、观望的态度的人也不少。有关放射性元素活动规律方面的研究，后来主要由卢瑟福和他的一批极有才华的学生们承担，而且不久就做出了辉煌的发现。居里夫妇在这方面也做过一些研究，但由于他们的失误，使得这方面的研究被卢瑟福大大领了先。这是后话，暂且不说。

【咬文嚼字】
谨慎：指言行慎重小心，以免发生有害或不幸的事情。

为了平息各方面的怀疑乃至反对意见，对于居里夫妇来说，1899年的任务就是设法提炼出纯净的钋和镭，并精确测出它们的原子量。

【叙述说明】
交代了居里夫妇1899年的首要任务，为下文做铺垫。

拓展阅读

名师点拨

居里夫妇在发现了“钋”后外出度假，休息了一段时间。随后他们又投入了紧张的研究中，并再次有了新的发现。这次新发现的元素“镭”引来了社会各界褒贬不一的评价。

回味思考

1.玛丽的姐姐和姐夫为什么回到了波兰？
2.有关放射线的论文突然活跃起来是因为什么？

好词收藏

新鲜　沁人心脾　共鸣　亟待　急不可待　难分难舍

好句积累

◈ 找到了钋元素以后(虽然科学院暂时没有承认),他们两人决定休假一次,作为对艰苦工作的报偿。

◈ 在实验室里呼吸了几个月各种化学药品放出的毒气后,呼吸到沁人心脾的空气,真是一种高级享受。

◈ 1898年9月份,他们又回到那间小小的实验室,以新的热情急不可待地投入到继续寻找新元素的工作中。

◈ 玛丽虽然感到难分难舍,但心中仍然为布罗妮雅他们的选择而感到骄傲。

◈ 他们很穷,收入不高,得精打细算才能让一家3口人正常地生活下去。

◈ 也正是在这期间,居里夫妇寻找第二个新的放射性元素又获得了成功。

◈ 其实,在科学研究中如果没有各种各样的反对者、怀疑者,科学是根本无法前进一步的。

简陋的实验室

名师导航

上文中已经提到，居里夫妇为了平息科学界对他们的研究成果的质疑，需要提炼出纯净的钋和镭。那么，他们的任务有没有成功呢？他们又是在怎样的环境下完成实验的？

为了提炼出纯净的钋和镭，居里夫妇在此后的四年中进行了科学史上最艰难的拼搏。

【咬文嚼字】

拼搏：指豁出性命，进行激烈的搏斗。比喻尽最大的力量，用自己的所有不顾一切地极度努力，去实现自己的目标。

从什么原料中提取纯钋和纯镭呢？这是他们首先要解决的问题。他们知道，沥青铀矿的价格十分昂贵，而他们需要的量要以吨计算，因此他们根本买不起。不是可以申请科研经费吗？但皮埃尔知道，那几乎是不可能申请到的。

这与法国的教育和科研体制有关。法国在对教育、科研进行了一番改革之后，官方插手干预进来，政府拨一定的款项资助教育、科研，本来对于法国教

【社会环境描写】
对当时法国教育科研界和官僚主义勾结的背景进行了描写，暗示了居里夫妇难以申请到经费的原因。

育和科研有很大推动作用，但随着权力的集中和扩大，腐败和官僚主义也开始盛行于教育与科研部门，顺我者昌、逆我者亡，尔虞我诈、钩心斗角和沽名钓誉的作风十分严重。像皮埃尔这样耿直不喜欢溜须拍马的人，很难得到上司们的欢心。皮埃尔深知其中弊病，所以根本不做那种指望。他曾对开尔文说：我讨厌不择手段、违背良心地去谋求高职位的种种活动。

【心理描写】
居里夫妇为提取钋和镭想到了更便宜的方法，从侧面反映了他们的艰辛。

他们有他们的穷办法。他们想，沥青铀矿在提取了铀之后，其中所含的钋和镭肯定原封不动地留在残渣中，那么利用沥青铀矿，或利用沥青铀矿矿渣，对于他们的目的来说，完全一样。矿很贵，矿渣总不至于很贵吧？但这笔钱加上运输费，也是他们俩微薄工资所承受不起的。

总算吉人自有天相，他们托奥地利一位教授从圣约阿希姆斯塔尔矿那儿免费弄到1吨矿渣，矿方同意把贮存在一座松林中的沥青铀矿残渣，免费送给居里夫妇。

【抒情】
表现了居里夫妇在逆境中对好心人赠送矿渣充满了感激之情。

阿希姆斯塔尔矿在波西米亚，因此从那儿运到法国，运费也不菲，他们从收入中挤一点出来，再借上一点，总算是支付了这笔运费。不过能免费弄到1吨矿渣，就该感谢圣母玛利亚了！

接着又有一个问题得立即解决，原来的小实验室放不下这1吨矿渣，怎么办？这时舒琴柏克校长主动出面帮他们寻找合适的实验室，但没有一位热情的学者愿意为这对贫困的学者提供帮助。

最后，校长提出一个别无选择的办法：学校里有一个暂时废弃不用的仓库，原先曾用它当过解剖教研室，可以供他们使用。校长歉意地说：

“虽然不是很理想的地方，但也只好如此了，有总胜于无吧……”

【语言描写】 表现了校长因为自己对居里夫妇没有给予很大帮助而产生的歉意。

那是一个怎样的“实验室”啊！恐怕现在的人很难想象出当时的实际情形。我们且看看两位得过诺贝尔奖的科学家是怎么描述的吧！

德国化学家奥斯特瓦尔德在参观了居里夫妇的实验室后，难过而又愤愤不平地说：

【咬文嚼字】 **愤愤不平：** 愤愤：很生气的样子。心中不服，感到气愤。

在发现镭还不多久的时候，经过我的恳切请求，才被允许进去参观居里的实验室。居里夫妇那时出游去了。走进了实验室，发现那竟是一所既类似马厩，又宛若马铃薯窖那般简陋的房子。若不是在工作台上看到一些化学仪器，我真会想到这是一件天大的恶作剧呢。

美国物理学家赛格雷描述得更为详细：

【环境描写】 通过其他科学家的描述，表现出这个实验室的简陋。

这个实验室就跟一间漏雨的棚房一样，冬天潮湿，而在温和的天气里就会感到非常之热了。它没有具备任何一种现在认为不可缺少的化学实验室的条件，比如化学实验室用的各种防护罩。从健康的角度出发，这里完全不适合做这种（放射性化学实验）事情。但是，在当时既没有人知道放射性的危险性，而他们也没有更好的条件。

【心理描写】
从居里夫妇两人对这间破旧的实验室的看法，可以看出他们崇高的科研精神。

居里夫妇根本没有条件考虑种种困难，他们完全被一种为科学献身的精神所激励。他们反而认为，这个被认为放死尸都不合格的棚子有一个最大的好处，那就是它那么破旧，那么没有吸引力，因此绝不会有任何人会不允许他们自由使用。唉，这种纯洁的激情任何人知道后，都会为之感动的！

【咬文嚼字】
迫不及待：迫：紧急。及：来得及。形容情势紧急，不能等待。

矿渣运来了，这些气味不好闻的渣滓竟成了居里夫人眼中的宝贝，路上的行人不免奇怪地瞧着她，因为她像得了什么宝贝似的那么高兴。艾芙曾经非常感人地描述沥青铀矿渣运到棚屋实验室时，居里夫人那种高兴和迫不及待希望投入工作的感人心情。艾芙写道：

【动作描写】
居里夫人迫不及待地去触碰沥青铀矿的动作，表现了她的欣喜。

一天早晨，一辆像运煤车的载重马车，停在娄蒙路的理化学校门前。有人通知了皮埃尔和玛丽，他们穿着实验室的工作服，不戴帽子就跑到外面来了。皮埃尔仍然保持他一贯的平静态度，但是玛丽看见人们辛苦地把一些口袋往下卸的时候，按捺不住自己的快乐。这是沥青铀矿，是她的沥青铀矿，几天以前货车站已经通知她运到了！她的好奇和急躁使她很兴奋，她要立刻打开袋看看她的宝贝。她剪断绳子，打开那个粗布口袋，把双手伸进那暗无光泽的棕色矿物，里面还夹杂有波希米亚的松针。

镭就藏在那里面，玛丽要从这种像街上的土一样没有生气的东西里面提炼出镭来，即使她必须炼制一座山那样多，她也一定要做到。

皮埃尔这时仍然在理化学校任职，虽然他成果累累，却得不到提升。1898年初，巴黎大学本来空出了一个物理化学教授的席位，皮埃尔也曾申请补这个缺位，但却遭到了拒绝。一位支持他的教授对他说："同你争夺这个教席的是一位高等师范学校的毕业生，再加上有些数学家也不同意你入选，你还能有什么办法。"

【语言描写】从一位支持皮埃尔的教授口中，得知了皮埃没有得到这个席位的原因。

皮埃尔的数学水平的确不够让人赞美，他自己也认为在这方面还赶不上玛丽。现在矿渣运来了，皮埃尔决定停止使他入迷的晶体研究，与玛丽一起在那像马厩和马铃薯地窖的"实验室"里，为提炼镭而含辛茹苦地工作，而且一干就是4年！

他们两人做了分工：皮埃尔身体不好，继续研究镭的特性；玛丽则负责从矿渣中提取纯的镭盐。玛丽干的是连男人干起来也嫌累的重体力活，她每次要把20公斤的矿渣（这是她能举起的最沉的重量）放进一个大锅里，用水加热直到沸腾，然后把这些沸腾着的溶液从一个罐子倒进另一个罐子。提炼需要硫化氢，而硫化氢是一种有毒的气体，那灼热的、有毒的、刺鼻的蒸气呛得她剧咳不止，眼泪也不停地流向

【叙述说明】居里夫人为了完成科学研究，要做这么累的体力活。

【咬文嚼字】**刺鼻**：气味呛鼻难闻。

两颊、颈上……她没办法拭去泪水，还得赶紧用一根很沉的铁棒搅拌这些熔化了的矿渣。

他们没有通风罩，所以只好把这道工序放到院子里面露天进行。如果碰到雨天，他们只好把实验设备搬到室内，把门窗全部敞开，让空气流通，否则他们会被刺鼻的浓烟呛得无法继续工作。点火、熔化、过滤、沉淀、倒出、再熔化……每天，居里夫人像一个锅炉工一样干着沉重的体力劳动。

【叙述说明】

居里夫妇的认真和政府以及科学部门的冷漠形成鲜明对比，更突显出居里夫妇的艰辛。

他们在为世界最伟大的一次科学发现工作，但法国政府和科学部门却不肯给他们一点帮助。居里夫人真是累极了。她曾在自传中写道：

有时，我整天整天地用一根与我等重的铁棒，搅动着一堆沸腾着的东西，到了晚上，我已经是筋疲力尽，连动也不想动一下了……

我们没有钱，没有实验室，而且没有人帮助我们把这件既重要而又困难的工作做好。真像是要由无中创出有来。假如我求学生涯中的几年是卡西尔·德鲁斯基从前说的：我的姨妹一生中的英勇岁月，那么我可以毫不夸大地说，现在这个时期是我丈夫和我的共同生活中的英勇时期。

【抒情】

抒发了对居里夫人这段艰苦时光的敬佩和赞叹之情。

这真是人们永远不该忘记的“英勇时期”！居里夫人后来每次回忆起这段逝去的艰苦岁月，总说它是“我们生活中最美好的几年”。

居里夫人的怀旧之情，在下面几段回忆中可以看得非常清楚：

我们这间可怜的棚屋里，安静极了。有时，我们来回踱步，一面留意着某个实验过程，一面谈论着目前和将来的工作。我们觉得冷的时候，就从火炉上取一杯热茶喝，提提精神。我们像做梦一样只惦记着一件事……

【场面描写】对居里夫妇平时在棚屋里的作息和工作进行描写，表现了他们当时的艰辛。

有时晚饭后，我们还要回去看上一眼。我们没有什么东西可以遮盖那些珍贵的产品，只好把它们放在桌子上、木板上。从各个方面都可以看见它们微微发光的轮廓。光仿佛是悬于黑暗之中，使我们感到无限激动和快活。

拓展阅读

名师点拨

收入微薄的居里夫妇从一个教授手中得到了一吨免费的矿渣，后来又因为校长的帮助得到了一间破败的棚屋作为实验室。他们就在这样的环境下，没有任何助手，开始了艰辛的提炼实验。

回味思考

1.居里夫妇对这个破败不堪的实验室持着怎样的想法？
2.皮埃尔为什么没有得到空缺出来的教授一职？

好词收藏

纯净　拼搏　申请　腐败　溜须拍马　不择手段　谋求

好句积累

◈ 为了提炼出纯净的钋和镭，居里夫妇在此后的四年中进行了科学史上最艰难的拼搏。

◈ 像皮埃尔这样耿直不喜欢溜须拍马的人，很难得到上司们的欢心。

◈ 他曾对开尔文说：我讨厌不择手段、违背良心地去谋求高职位的种种活动。

◈ 最后，校长提出一个别无选择的办法：学校里有一个暂时废弃不用的仓库，原先曾用它当过解剖教研室，可以供他们使用。

◈ 居里夫妇根本没有条件考虑种种困难，他们完全被一种为科学献身的精神所激励。

◈ 矿渣运来了，这些气味不好闻的渣滓竟成了居里夫人眼中的宝贝，路上的行人不免奇怪地瞧着她，因为她像得了什么宝贝似的那么高兴。

◈ 皮埃尔这时仍然在理化学校任职，虽然他成果累累，却得不到提升。

◈ 现在矿渣运来了，皮埃尔决定停止使他入迷的晶体研究，与玛丽一起在那像马厩和马铃薯地窖的“实验室”里，为提炼镭而含辛茹苦地工作，而且一干就是4年！

来之不易的成功

名师导航

居里夫妇在这样艰苦的环境下进行研究，会遇到哪些问题和挑战？事情是否有转机？居里夫妇在中途又会经受怎样的诱惑和压力呢？元素“镭”究竟有没有被成功地提炼出来？

但现实也向他们显示了极其残酷的一面：美好的理想有时也对这些残酷的现实无可奈何。皮埃尔开始感到腿和全身疼痛，有时连起床和行动都感到困难。诊断的结果是关节炎，医生认为是棚屋的潮湿造成的。医生叮嘱他节制饮食，不要吃肉，不要喝酒。玛丽更惨，她面无血色，浑身无力，有时像得了嗜睡病一样，整日昏昏沉沉的。老居里医生自从1897年老伴去世以后，一直与他们住在一起。他看见玛丽的身体越来越不行，就坚决要她去医院检查一下，怕她得上了肺结核，她妈妈不就是患这种病丢了命的

【外貌描写】居里夫人苍白而无力的面容和神态，从侧面反映出她的劳累。

吗？她听从了这个建议，到医院去做了检查，结果证明她并没有得肺结核。

他们两人真是将自己的付出用到了生命力的极限。

【叙述说明】
交代了居里夫妇家中的收入和支出情况，表现了其家庭“入不敷出”的境况。

皮埃尔的工资一个月只有500法郎，现在有了小孩，又雇了一个女仆和奶妈，他们几乎入不敷出，而且他们种种试图增加收入的努力都失败了。

有一天，皮埃尔在筋疲力尽的一天过去后，沉重地对玛丽说：

“我们选择的生活是多么艰难啊……”

1900年的初夏，忽然有一个十分诱人的机会向他们两人展现出来，这个机会不是法国提供的，是瑞士日内瓦大学校长提供的。日内瓦大学校长请皮埃尔到他们大学去担任物理学教授的职位，年薪1万法郎，还有住房补贴；他将领导一个实验室，居里夫人还可以在这个实验室里有一个正式职位。校长还许诺：

【咬文嚼字】
担任：指担当某种职务，工作。

“一旦与居里教授谈妥之后，实验经费可以增加，并且可以增添两名助手；在考虑实验室的财力之后，实验室的仪器也可以置备齐全。”

【抒情】
采用了强调句式和设问句式，表现了居里夫妇面对这些优厚条件的欣喜。

天哪，这简直是天上掉下来的馅饼！年薪1万，还有房补、实验室，经费足、仪器全，还有玛丽也可以正式安排职位……这在法兰西共和国恐怕是做梦也想不到的啊！去不去？当然去，这还有什么可说的！至少可以出一口恶气吧！

7月份，皮埃尔和玛丽两人一同到瑞士去了一趟。他们在那里受到了瑞士同行的热烈欢迎。

但到了8月，他们两人又改变了想法。为什么又改变了想法呢？居里夫人在自传中提了一笔：

皮埃尔·居里很想接受（瑞士的邀请），但若是那样，我们关于镭的研究就会功亏一篑，因而他最终做出了相反的决定。

【解释说明】 为了能够继续进行关于镭的研究，夫妇俩最终决定留在巴黎。

促使他们没有离开巴黎到日内瓦去，恐怕与另外一个因素也有关系，那就是彭加勒的干预。彭加勒当时被认为是世界数学界领袖人物之一，他在法国是很有影响的人物。当他听说居里夫妇要离开法国后，立即和同事们一起向有关方面陈述了其中的利害关系，结果皮埃尔顶替了索尔本附属的理化自然科学研究所的一个教学空缺位置，而居里夫人则被接纳到凡尔赛附近赛福尔女子高等师范学校执教，担任一、二年级物理课的教学工作。

这所学校的历史上，还从来没有妇女上过讲台，她是第一位。居里夫人一生真不知占了多少个第一！对于这件事，居里夫人在自传中也曾提及过，她写道：

【抒情】 表现了居里夫人了不起的一面，她创造了无数个“第一”。

1900年，日内瓦大学拟以教授之职聘请我的丈夫。大约在同时，巴黎大学文理学院聘皮埃尔为副教授；我则被任命为赛福尔女子高等师范学校的教授。于是，我们就仍然留在了巴黎。

【咬文嚼字】
超支：支出超过计划或支取超过其应得数。

这样，他们在家庭收入方面就比以前强多了，至少不会再为超支发愁了。但他们的实验条件仍然没有丝毫的改善，玛丽由于每周两次去女子高师讲课，而且她的认真精神使她要花不少时间备课，这使得她比以前更忙了。

【议论】
对居里夫妇研究成果的未来进行猜测，认为如果条件得不到改善，很有可能会功亏一篑。

皮埃尔继续向有关方面争取更好的实验条件，他们有了更紧迫的感觉，因为国外有一些设备比他们好得多的实验室也正在为提取纯放射性元素而奋起直追，如果他们的条件不能得到改善，而又为教学疲于奔命的话，说不定他们最终会落到国外科学家的后面，那几年来的拼死奋斗就会化为泡影。居里夫人在自传中伤心地写道：

进行过类似奔走的人，都知道在经济上和行政上遇到的那些困难，也清楚为了要得到最小的好处必须写多少呈文，进行多少拜访和申请。皮埃尔·居里因此很疲倦而且很沮丧。

这种毫无效果或效果甚微的奔忙，不仅影响了他们的工作效率，而且也影响了他们的健康。

【叙述说明】
居里夫妇除了要克服本身科研条件差这个困难，还要应对来自竞争对手的压力。

正在居里夫妇含辛茹苦、异常艰难地在法国拼搏时，他们最强劲的对手卢瑟福，正在加拿大麦克吉尔大学优越得多的条件下奋起直追。1902年2月5日，在“激战方酣”之时，卢瑟福在一封信中写道：

我眼下正忙于起草将要发表的报告，还要继续做新的实验。我不能停下来，总有一些人要想尽办法超过我。在这个领域里，我最强劲的对手是巴黎的贝克勒尔和居里夫妇。近年来，居里夫妇在放射性物质方面已经完成了一项极其重要的工作。

卢瑟福没有说错，居里夫妇正在做最后的冲刺，成功在望。居里夫人用她自己创造的分步结晶法先从每吨沥青铀矿中提取10到20千克的硫酸钡，然后把硫酸钡变成氯化物。这些氯化物的含镭量大约是万分之三。

到1902年初的某一天，居里夫人终于把提炼出来的1/10克的纯净镭盐送到德马尔赛那儿，请他对提纯物是否纯净进行检验。

【叙述说明】交代了居里夫妇提炼出镭的时间和具体细节，这是值得纪念的时刻！

1902年3月28日，她在记录本上兴奋地写下：

Ra=225.93，即一个镭原子的重量。

当这几千次分步结晶的产物最终提炼出来时，他们两人虽然已经精疲力竭（玛丽体重减少了7公斤），但他们的兴奋之情真的无以言表！这天夜晚，玛丽上楼走进婴儿室，想看看女儿伊莲睡着了没有。下楼后，她又穿上衣服准备出门，皮埃尔知道她又想到实验室去看她的“宝贝”，于是也戴上帽子跟了出来。外面漆黑一片，他们顺着几年来闭着眼也会走的路

【咬文嚼字】**无以言表**：没有什么言语可以用来表达（常用于感受）。

来到他们的棚屋，打开门走进去。

玛丽轻声说：

“千万不要开灯……你瞧！”

“宝贝”就在他们面前的桌子上，一缕略呈蓝色的荧光在那儿愉快地闪耀着，宛若神话中的小仙子在黑暗中向她挥手致意。

【拟人】 用了拟人的手法，将“镭”形容成小仙女，向居里夫妇挥手。表现了夫妇二人的激动和愉快。

“我的梦应验了……我曾多少次在梦中看见它熠熠发光，现在它果然发光了……”

两人找到一张有草垫的椅子坐下，面向那发出神秘荧光的地方。玛丽身体微向前倾，热切地望着小仙子体内流溢出的寒光。玛丽无声地抽泣起来，皮埃尔用手轻轻地抚摸着她的头发。他们俩就这样静静地坐着，看着那小仙女翩翩起舞……

居里夫人把最终测定的镭原子量，在法国科学院以《论镭的原子量》为题宣布了。

科学界再也没有人怀疑镭的存在了！虽然纯金属镭还没有提炼出来，但镭有它的特征光谱，有确定的原子量，和它所特有的种种奇异特性，还能怀疑它不是一个新元素吗？

【抒情】 用了强调句和反问句，表明了元素“镭”存在的确定性。

居里夫妇终于引起了法国和世界各国科学界的极大重视，在法国，他们两人一时成了巴黎各个豪华沙龙的中心话题。法国科学院立即拨款2万法郎，用于“提炼放射性物质”。

无孔不入的记者们也开始把他们的目光瞄向这两位贫困而卓越的科学家。

【叙述说明】 证明了“镭”存在的居里夫妇终于引起了世人的注意，也成为记者的头号关注对象。

他们报道说：神奇的、可以治疗癌症的镭，是由一位年轻的贤妻良母历经四年极其艰难的努力，才获得最终成功的——而那发现镭的地方竟是一间漏雨的破棚子！这些报道像火把一样瞬间点燃了巴黎人高度丰富的想象力。各种各样虽带着崇敬但极度夸张的故事，不胫而走。

科学史早已告诉我们：当一项发现与治疗人类疾病相关时，这项发现和它的发现人就越是容易在大众中造成轰动。

【议论】 与治疗疾病相关的研究总是能够引起大众的注意。这为下文展示的一份报纸摘要做了铺垫。

居里夫妇一夜之间成了1902年的明星。一份报纸上登出大幅广告：

本世纪最奇异的发现：

镭液

保护头发　　　　不再脱发

根治秃顶　　　　不再白发

拓展阅读

名师点拨

居里夫妇收到了来自瑞士的邀请，并承诺了很多丰厚的条件，但是考虑到镭的研究和提炼，两人最终选择留在巴黎。经过长时间奋斗，研究终于获得了成功。

回味思考

1.居里夫妇为什么没有接受瑞士的邀请?
2.他们留在巴黎继续研究镭,有哪些方面的压力?
3.居里夫人在看着发着蓝光的镭的时候为什么哭了?

好词收藏

残酷　无可奈何　面无血色　昏昏沉沉　筋疲力尽

好句积累

◈ 玛丽更惨,她面无血色,浑身无力,有时像得了嗜睡病一样,整日昏昏沉沉的。

◈ 他们两人真是将自己的付出用到了生命力的极限。

生命的重击

名师导航

在科学研究上取得了巨大成功的居里夫妇在生活中却没有这么幸运。他们遇到了哪些沉重的打击?

就在他们取得辉煌成就的时候,1902年5月从华沙传来噩耗,说玛丽的父亲因胆囊开刀出了意外,要玛丽马上赶回华沙。玛丽心急如焚,恨不得立即赶回华沙,回到父亲身边。她欠父亲的情太多了!如果在他老人家生前还不能看一眼心爱的小女儿,那上帝真是太残酷了!可是,办理出国护照手续繁多,等了好几天她才坐上东去的火车。玛丽知道她可能无法见到父亲最后一面了,就急忙发了一封电报给家里,求家人无论如何等她回华沙后再下葬。

【心理描写】对父亲出事后玛丽沉痛而复杂的心理活动进行了描写,表现了她的悲伤。

哥哥、姐姐们听从了妹妹的这一要求,使玛丽在赶到家中时,见到了已放进棺材的父亲,父亲那毫无表情的脸似乎因为在临死前没有见到小女儿而万分遗憾。玛丽一头扑到父亲的身上，失声痛哭起来：

【语言描写】表现了玛丽因为没有好好陪伴父亲而产生的自责和悔恨。

“爸爸，请您饶恕不孝的玛丽吧，我不该成为法国人，我为什么要留在法国……我一毕业就该马上回到您身边和您一起生活，照料可怜的爸爸……我早就期盼着这一天，但我却硬着心肠没有做到这一点……请爸爸原谅我吧……原谅我这不孝的女儿吧……”

哥哥和姐姐们好不容易才把玛丽从父亲身边拉开，并且劝说道：

“当爸爸知道你给你发现的第一个元素取名为钋时，爸爸高兴得流了泪，和我们一起举起葡萄酒干杯，还高喊‘波兰万岁’呢。”

“玛丽，你看看爸爸临终前给你留下的信吧。看了信你也许就不会那么伤心了。”

【动作描写】强忍着眼泪读父亲临终前写的信，是一件多么感伤的事情。

玛丽拭去眼泪，从姐姐手中接过信，默默念着那用颤抖的手写出来的字，完全不像父亲平时那美丽而潇洒的字。信上写道：

你现在有纯镭盐了！若是计算一下所费的劳力，这确是化学元素中最贵重的元素了。但这件工作似乎还只有理论上的价值，实在是太可惜了。

华沙没有什么新鲜事，天气温和，仍很清凉。现在我必须回到床上躺下，因此我将结束这封信，并且亲切地拥抱你……

斯可罗多夫斯卡先生如果再多活一年零7个月，他就会知道他的女儿为波兰人争得了更大的光荣——获得1903年诺贝尔物理学奖！那时他该会多么自豪、多么高兴啊！上帝对于斯可罗多夫斯卡先生的怜悯，似乎是太吝啬了一点。

【抒情】抒发了对居里夫人获奖的敬佩，同时也表达了对克劳夫斯基先生早逝的遗憾。

玛丽遭此沉重打击回到巴黎后，身体迅速垮了下去。她吃不进饭，睡不着觉，还常常因梦游症在室内走来走去。皮埃尔吓坏了。这时皮埃尔也正陷于沮丧之时，事情的起因是在他的朋友马斯卡尔的一再坚持之下，皮埃尔终于被说服同意竞选科学院院士，物理学部一致赞成他入选，看来皮埃尔当选应该没什么问题了。但由于当时竞选科学院院士时，申请人必须到每个院士家登门拜访，除了向他们表示敬意以外，还得在他们面前自吹自擂一通才行。这种呼朋引类、看人眉睫的俗不可耐的风气，很为一些正直的学者所反对，皮埃尔更是其中的激进者，这使一些院士大为不满。结果，他以20对23票落选了。这次事件对他的影响很大，其中恐怕不仅仅是因为落选，很可能他对于自己的行为感到恶心，因为他虽不情愿，但毕竟屈从了旧势力，低三下四去拜访他并不想拜访的一些院士。一位法国记者曾这样描述皮埃尔为竞选院士而必须做的事：

【解释说明】与院士们拉帮结派、阿谀奉承、自吹自擂是当时的风气，而皮埃尔对这种做法的反感，导致了最终落选。

【咬文嚼字】**低三下四：**形容态度卑贱低下，也指工作性质卑贱低下。

上楼梯，按门铃，报到，说明来意，这一切使这位候选人已经感到丢脸。然而，接着他必须先为自己唱赞歌，夸耀自己的知识、著作及工作，而在他看来，这是对人类力量的一种苛求……

总之，在落选后他变得心灰意冷、英雄气短，全身疼痛的毛病也似乎更严重起来。皮埃尔的沮丧也可能是引起居里夫人失眠、轻微梦游的原因之一。她常常盯着他，心中忐忑不安，但又无可奈何。

【语言描写】表现了玛丽对皮埃尔身体的担忧，也表现了她对丈夫坚定的爱。

有一天，玛丽突然惊慌地对皮埃尔说：

“皮埃尔……如果……如果我们两人中死了一个，那么剩下的一个也不可能继续活下去，是吗？我们两人是不能分开的……”

皮埃尔开始不知她说的是什么意思，等明白后，他十分坚定地对玛丽说：

【语言描写】相比于玛丽的感性，皮埃则更加理性地看待自己的工作和情感。表现了他对科学事业的热忱和伟大的献身精神。

“你错了，玛丽。如果我们两人之中有一个不在了，那研究也不能中止。你要明白，你要记住，我们的研究不仅仅是属于我们两个人的，科学家没有权利背弃科学这个终极目标，无论发生什么事，一个人即使成了没有灵魂的身体，还是应该照常工作。”

【咬文嚼字】**感人肺腑**：肺腑：指内心深处。形容人内心深深地受到了感动。

居里夫妇的困境，引起了他们许多朋友们的难过和关注。里尔大学物理教授萨尼亚克曾写了一封感人肺腑的信给皮埃尔。信中他写道：

1903年4月23日，星期四清晨。我请您不要忘记我是您的朋友。您的朋友，当然，是您一个年轻的朋友，但总算是您的朋友吧。正因为如此，我希望您耐心读完我的信，然后认真想一想。

当我在物理学会遇到居里夫人的时候，我被她容貌巨大的改变震惊了。我知道她正在写博士论文，工作太辛苦，论文答辩后她一定会安安静静地休息一下。但是，她的身体实在太弱了，根本不能如此不顾一切地干，如果我像你们两人那样干，我恐怕早就躺下了。我这样说是为了说服您，你们两人几乎都没吃过什么有营养的东西。我有幸同你们一起吃过一次饭，我发现居里夫人只吃两片香肠，喝了一杯咖啡。请想一想，这样下去身体怎么能好得了呢……

【抒情】反映了居里夫人身体虚弱，也表现了萨尼亚克对居里夫人的关心和担忧。

她满不在乎，或者说固执己见，不听人劝告。请您不要用这作为借口，说无法说服她。我可以预见您会这样顶撞我："她根本不饿！她是大人，知道自己该怎么做！"

但她现在完全不像个大人，而像一个小孩子。我这么直率地说出来，是因为我相信我说的是对的，还因为我是你们的朋友。其实很容易看出来，她是在做一件愚蠢的事。你们几乎从来不好好吃饭，想什么时候吃就什么时候吃，通常还吃得太晚。长此以往，胃就会失去它应有的功能。当然，偶然一次因工作需要那也未尝不可，但经常为此则切切不可……

【抒情】萨尼亚克教授对居里夫妇提出了诚恳的劝诫。

你们不爱伊莲吗？我呀，宁愿看看这位可爱的小姑娘，而绝不会去整日读卢瑟福那些枯燥的论文。替我拥抱一下她。如果她年岁大一点，她会同意我的想法的，也会对你们说同样的话的。想一想她吧……

【引用】萨尼亚克用伊莲来劝诫居里夫妇，希望他们能够多为女儿着想，多关注生活，不要只顾工作。

朋友们不仅为他们的处境担心，而且出谋划策想改善他们的境遇。阿佩尔甚至请求皮埃尔做件好事，同意于1903年7月14日被推荐为荣誉勋位团的一员。阿佩尔还写信给居里夫人：

【引用】
阿佩尔诚恳劝谏居里夫妇要为生活实际考虑，接受荣誉勋位的推荐。

请您运用您的影响，让皮埃尔不要拒绝荣誉勋位的推荐。这件事本身的确并不重要，但是它会产生实际的效果——实验室、拨款等，这才是最重要的。

但刚正不阿，不再愿意阿谀献媚、曲意逢迎的皮埃尔坚决不干，他回信给阿佩尔说：

请您代我向部长致以谢意，并请转告他，我不需要勋位，我最迫切需要的是一个实验室。

拓展阅读

名师点拨

居里夫人的父亲去世之前未能见到她最后一面，居里夫人为此伤心过度导致身体虚弱，而此时皮埃尔也由于竞选失败而倍受打击。他们的朋友竭力劝诫他们注意身体，劝他们为了生计接受勋位，但遭到了皮埃尔的拒绝。

回味思考

1.居里夫人遭受了什么样的打击？
2.皮埃尔为什么不愿意接受勋位？

好词收藏

噩耗　繁多　遗憾　失声痛哭　潇洒　怜悯　自吹自擂

好句积累

◈她欠父亲的情太多了！如果在他老人家生前还不能看一眼心爱的小女儿，那上帝真是太残酷了！

◈玛丽知道她可能无法见到父亲最后一面了，就急忙发了一封电报给家里，求家人无论如何等她回华沙后再下葬。

◈玛丽拭去眼泪，从姐姐手中接过信，默默念着那用颤抖的手写出来的字，完全不像父亲平时那美丽而潇洒的字。

◈玛丽遭此沉重打击回到巴黎后，身体迅速垮了下去。

◈这种呼朋引类、看人眉睫的俗不可耐的风气，很为一些正直的学者们所反对，皮埃尔更是其中的激进者，这使一些院士大为不满。

◈居里夫妇的困境，引起了他们许多朋友们的难过和关注。

◈朋友们不仅为他们的处境担心，而且出谋划策想改善他们的境遇。

居里夫妇的成功

名师导航

居里夫妇证明了"镭"的存在并提炼出了镭盐以后，生活发生了哪些变化？"镭"在科学界引起了怎样的轰动？而玛丽的博士生涯能否圆满结束呢？

【语言描写】借用彭加勒的话，突显了元素"镭"的重要性，也从侧面反映了居里夫妇的伟大成就。

镭的发现是居里夫妇完成的最重要的工作，也是他们对科学做出的最重大的贡献，它在科学界引起了极大的重视。彭加勒甚至说：

"'伟大的革命家——镭'登上革命舞台时，它从根本上震撼了经典物理学。"人们这么重视居里夫妇的发现，不是没有原因的。

首先，在门捷列夫发现元素周期表以后，科学界对于找到一种元素，并用它来填补周期表内一个空位，总有十分惊奇的感觉，并因此总是给予极高的评价，把它看成是化学领域里极为重大的进展。

更加之当时化学工业正日新月异地对社会产生着重大作用,因此在社会上也特别重视化学的进展。

其次,居里夫妇在提炼镭的过程中,创造了化学界从未用过的分析方法——放射性方法加上分步结晶法,为化学家提供了一种崭新的化学分析方法,这对今后化学的发展有十分重大的意义。

再次,镭的发现为居里夫人所创造的放射性现象这一广义的内涵,提供了坚实的证据,从此放射性现象成了物理、化学中很重要的一个分支、一门学科而受到众多一流科学家的重视。

【叙述说明】 说明了“镭”在科学史上的重要性,从侧面反映出了居里夫人的伟大。

物理学家们一下子面临一个如此崭新的、具有吸引力的课题,即原子内部更复杂的结构和运动规律。预示着科学从此迈入了原子世界。

【咬文嚼字】 **面临**:面前遇到(问题、形势等)。

还有,镭的辐射强度大大超过了铀,而且皮埃尔还测出,1克原子镭(226克)每小时放出22.5千卡热量,按数量级这热量与1克氢气燃烧时产生的热量相等(这实际上是人类第一次测出“原子能”)。

那么,这么显著的能量是从哪儿来的呢?(这个问题要到1905年爱因斯坦指出“质量是物体中含有能量的尺度”以后才能明白。)还有,这种能量可以为人类所利用吗?这是当时社会上极为关注的重大问题之一。

最后,科学家永远需要有更新的、更复杂的课题的刺激。这时X射线的研究高潮刚刚过去,而且暂时陷入停滞不前的局面,许多科学家正想寻找新的

【社会环境描写】 当时的科学界旧一轮研究思潮的退去,为镭的出现提供了很好的社会背景,促使其成为热门。

领域进行研究，恰逢其时，具有极强辐射性的镭被发现了，况且，镭的发现加速了机械论自然现有统治地位的崩溃。

在镭的发现和与此有关的研究被证实后，原子的衰变已是不可怀疑的事实，由此以不变化的“物质”观念为基础的机械论自然观就完全站不住脚了。

正是基于以上几种原因，全世界科学家都把兴奋的目光投到了居里夫妇的研究成果上。1903 年 5 月，居里夫妇接受英国皇家学会的邀请，到英国去做关于镭的演讲。

【叙述说明】 交代了皮埃演讲的著名地点，表现出皮埃演讲的重要性。

这次演讲是由皮埃尔做的，演讲的地点是英国著名科学家戴维和法拉第做过演讲的地方。英国有这种“星期五晚上演讲”的优良传统。

它的目的是尽量使没有或缺少科学知识的公众们有机会知道科学家们在干什么，并从中学到一些科学知识。

这种演讲常常会获得极大的轰动和成功。每到星期五晚上，报告厅所在的那条街上，汽车只能单向行驶，因为汽车和人实在是太拥挤了。

【外貌描写】 通过对出席演讲会的男人和女人们服装打扮的描写，表现了他们对演讲的重视。

男人们穿着考究的燕尾服，女人们身穿晚礼服，满戴首饰、珠光宝气，英国人把听这种报告和德国人出席音乐会看得同样庄重。

世界上最有成就的英国科学家要出席演讲会，世界上最杰出的科学家被请来做最出色的科学普及演讲。女性也可以参加这种演讲会，只规定“不体面的女性”不得入内。

皮埃尔的演讲受到英国科学家极其热烈的欢迎。皮埃尔演讲以前，居里夫人坐在开尔文的身旁，仍然穿着她那件黑色连衣裙。

【叙述说明】说明居里夫人十分支持自己的丈夫。

按照当时的习惯，人们一般是不穿黑色衣服的，但居里夫人穿着黑色衣服却显得十分文雅。英国皇家学会可能没有料到的是，当皮埃尔上台演讲的时候，居里夫人也随着皮埃尔一同上了讲台。

皮埃尔在演讲时，居里夫人一直坐在旁边。在英国期间，他们除了见到了开尔文以外，还见到了英国著名科学家克鲁克斯、拉姆赛、杜瓦等人，相谈甚欢。

【叙述说明】罗列了居里夫妇在演讲会场见到的一些科学巨头。

后来皮埃尔和杜瓦合作，研究镭在低温时的物理现象。居里夫人还结识了爱尔登的妻子赫莎，她们后来成了很要好的朋友。赫莎也是一位很出色的科学家。

从美国回来以后，居里夫人将要“捍卫”她的博士论文了。从1891年到1903年，已经过去了12年。现在她已经是36岁、有一个女儿的中年妇女了，但她却以惊人的毅力为自己争取到了最后，也是最高的一个学位。

【叙述说明】交代了居里夫人攻读博士的时长、年纪等，表明了她的艰苦和勤奋。

1903年6月25日，星期四，这是居里夫人答辩的一天。布罗妮雅和皮埃尔也坐在索尔本大学小礼堂的听众席上。

布罗妮雅专程从波兰赶到法国来，为的是一睹她的小妹妹夺取最后一个学位时的风采。

评审委员席上坐着李普曼、布蒂、穆瓦桑3位教授。他们3人似乎有点过分严肃地坐在评审席上。今天也确实非同一般，因为索尔本大学还从来没有为一个妇女举行过这种答辩。

【咬文嚼字】

座无虚席：座位没有空着的。形容出席的人很多。也用来比喻某活动或聚会很受欢迎。

居里夫人为了让人们知道，一位女性将在今后跻身于科学家之中，所以她特地请佩兰、朗之万和一些赛福尔女子高师的学生来为自己助威。小礼堂真是座无虚席。

【叙述说明】

对居里夫人的博士论文进行了简要的介绍，交代了其题目、构成以及主要内容。

居里夫人的论文题目是《放射性物质的研究》。论文有100页，全文除了导言、历史介绍以外，正文共有4节，全面介绍了放射性现象和新的放射性元素。

【外貌描写】

表现了居里夫人在答辩时的端庄、自信和从容镇定。

评审委员们提出一些问题，面色苍白、金黄色头发挽成一个髻子在脑后高高耸起、身穿黑色连衣裙的居里夫人，都一一做了回答。

其实，就论文的内容来说，她比评委们知道得更多，因为放射性这个研究领域正是她和皮埃尔一起开创的。

人们鸦雀无声地听着她的答辩。最后，评审委员会主席李普曼教授站起身来，庄严地宣布：

“夫人，巴黎大学授予您物理学博士的学位，并给予‘极优’的评语。”

他还加了一句很少使用的客套话：

【语言描写】

表现了评审会教授对居里夫人科研成就的肯定和对她博士毕业的祝贺。

“夫人，我谨以评审委员会的名义向您表示最热烈的祝贺！”

全场响起了热烈的掌声和欢呼声。皮埃尔和布罗妮雅在礼堂外热烈地拥抱着玛丽，向她祝贺。

拓展阅读

名师点拨

镭的出现在科学史上添上了重要的一笔，引起了科学界的格外重视。居里夫妇也因此被邀出席一些重要的场合，结识了很多著名的科学家。居里夫人也通过自己的努力成功获得博士学位。

回味思考

1.镭的发现为什么在科学界引起了极大的重视？

2.居里夫人为什么邀请了很多人来为她的论文答辩助威？

好词收藏

填补　日新月异　崭新　显著　恰逢其时　珠光宝气

好句积累

◈ 镭的发现是居里夫妇完成的最重要的工作，也是他们对科学做出的最重大的贡献，它在科学界引起了极大的重视。

◈ 物理学家们一下子面临一个如此崭新的、具有吸引力的课题，即原子内部更复杂的结构和运动规律。预示着科学从此迈入了原子世界。

◈ 最后，科学家永远需要有更新的、更复杂的课题的刺激。

◈ 在镭的发现和与此有关的研究被证实后，原子的衰变已是不可怀疑的事实，由此以不变化的“物质”观念为基础的机械论自然观就完全站不住脚了。

◈ 这次演讲是由皮埃尔做的，演讲的地点是英国著名科学家戴维和法拉第做过演讲的地方。

无私的决定

名师导航

居里夫人不但和丈夫一起完成了镭盐的提炼，同时她个人也顺利博士毕业。朋友们因此为她举办了一个小小的庆贺宴席。其间，她会遇到哪些人？她会与他们产生怎样的思想碰撞？出名后的她又会遇到哪些物质上的诱惑呢？

那天晚上，由朗之万安排了一个小小的庆祝晚宴，客人只有佩兰夫妇。啊，还有一个远道而来的客人，那是英国的卢瑟福。卢瑟福是从加拿大麦克吉尔大学回英国来宣讲、解释他的放射性衰变理论的，也乘此机会陪他妻子到欧洲大陆各国游历一下。

【叙述说明】交代了卢瑟福去拜访居里夫妇的缘由。

6月25日他收到索迪的一张明信片，请他务必去拜访一下居里夫人。卢瑟福立即到那可怜的棚屋去找，但她却因为论文答辩而锁上了实验室的门。卢瑟福吃了一个闭门羹。有趣的是，那天评审委员会主席是李普曼，而李普曼在5年后与今天吃闭门羹的卢瑟福同时获诺贝尔奖（李普曼获物理学奖，卢瑟福获化学奖），而刚刚获得博士学位的玛丽·居里却在半年之后与皮埃尔、贝克勒尔一起获得了诺贝尔物理学奖！这在诺贝尔奖获奖史上恐怕还是绝无仅有的吧？

不过幸运的是，那天晚上卢瑟福受到朗之万的邀请，参加了由朗之万主办的小小的庆贺晚宴。

那天晚宴上，朗之万慷慨大度，把陈年佳酿和上好干酪都拿了出来，向居里夫人表示祝贺。大家情绪极佳。卢瑟福是第一次见到居里夫人，他真正被居里夫人那种朴实无华的风度吸引住了，她虽然毫不注意自己的打扮（布罗妮雅曾多次劝她买一件新上衣，但她就是不理睬这一劝告），但却依然那么婀娜多姿。居里夫人吸引住卢瑟福的原因，恐怕还因为是他遇到了一个与他旗鼓相当的对手的心态有关。

居里夫人已是众人公认的放射性王后，而卢瑟福又决心在放射性领域里大显身手，而且目前他正在写《放射性》一书。居里夫妇对卢瑟福放射性衰变理论持有异议；而卢瑟福则认为居里夫妇并没有把放射性进一步发展成一个有确定意义的理论，他还认为“关于放射性现象，居里夫妇只有一般的知识”。

的确，居里夫人一直把提炼镭元素作为自己主要的任务，在一段时期里，对放射性现象的规律没有给

【咬文嚼字】

绝无仅有： 绝：绝对。只有一个，再没有别的。形容非常少有、极为稀有。

【补充说明】

从侧面反映了居里夫人对穿着打扮的不在乎，表现了她的朴实。

【叙述说明】

卢瑟福和居里夫人都对对方的研究持有异议和质疑。

予足够的重视。

那天晚宴上，皮埃尔兴奋地从上衣口袋里拿出一只盛有镭的小玻璃管子，管壁贴有一层硫化锌。在4月的夜色中，镭所发散出的幽光让在座的所有人感到惊讶不已。皮埃尔激动地说：

【外貌描写】 通过对皮埃尔伤痕累累的手的描写，表现了他平时做实验的辛苦，也从侧面反映了放射性物质对他的危害。

“这就是未来之光呀！”

卢瑟福从幽光中注意到，皮埃尔的手粗糙得不像一位学者，倒像一位搬砖工人的手，而且明显地在发炎、红肿，似乎快握不住小玻璃管了……卢瑟福羡慕地看着那试管中神奇的物质，心中感慨万千。他正是用皮埃尔送给加拿大的一点有足够强度放射性的物质，完成他最珍视的A射线试验的。从卢瑟福的手没有像皮埃尔那样受到放射线伤害来看，卢瑟福拥有的放射性物质的放射性活性，一定比皮埃尔的差多了。想到这一点，他心中不免感叹不止。不过让卢瑟福感到高兴的是，他从此与居里夫人结下了终生不渝的友谊。

【咬文嚼字】 **珍视**：指珍惜重视。

过了不久，一个星期天的上午，皮埃尔告诉玛丽，说美国有一家公司来信谈到他们将创立一家炼制镭的工厂。

皮埃尔说完后，玛丽似乎对这件事并不感兴趣，说：

【语言描写】 皮埃尔对玛丽说了关于镭的两个选择：申请专利或者公之于众。这为下文做了铺垫。

“那和我们有什么关系呢？”

“我们得在两种决定中采取一种：要么毫无保留地把提炼镭的专门技术公之于众，谁愿意生产镭尽管去生产；要么我们申请生产镭的专利，这毕竟是我们发明的。”

“皮埃尔，我想你一定不会采取后一种决定。我们不能申请专利，那是违反科学精神的。”

皮埃尔想让玛丽把利害关系搞清楚，因此又冷静而客观地分析说：

“我们要慎重。有了专利，我们可以生活得舒适一些。不必再去干那些太辛苦、损害我们身体健康的活，而且关键的是，我们将会有一个好的实验室……”

玛丽想了一下，平静地说：

“科学家无权把他们的发现当作摇钱树，镭属于世界上所有的人。而且，它可以用来治疗癌症，在这种情况下，我们更不能以此牟利，是吧？”

【语言描写】 居里夫人认为镭是世界上所有人的，她不应该独享。表现了她无私的科学精神。

居里夫人的话，使我们想起了几十年以前，英国科学家戴维说过的一句话。那时戴维发明了一种矿井用的安全灯，人们极力劝他申请专利，这项专利将给他带来每年相当于10万美元的收入，但他拒绝了：

“我的钱已经够用了……更多的财富既不会增加我的名声，也不会给我带来更多的幸福。”

十几年前，伦琴也做出相同的决定。那是伦琴发现X射线之后，因为X射线在医疗上的巨大用途，柏林通用电气协会建议以高价换取伦琴未来的一切物理发现用于技术的专利权，但伦琴坚决拒绝了这项建议。他对前来洽谈的董事说：

【叙述说明】 举了另一个关于科学家放弃专利，而选择造福全人类的例子。

“专利是什么？它是怎么回事？打算把‘X射线’一个人独占吗？

“我不是‘发明’了X射线，只不过是发现了而已，它属于全人类，不过如果您的公司制造出有更大效能的真空放电管的话，那我真是太高兴啦……”

现在，居里夫人几乎是用相同的话表达了自己的想法。皮埃尔听了她的意见后，说：

【语言描写】夫妇二人怀着同样高尚的科学精神，彼此确认后，决定将提炼镭的技术公诸于世。

“是的，我们不能从我们的发现中牟取私利，这是违反科学精神的。在答复美国的要求之前，我想知道你的想法是否与我一致。好啦，今晚我就给美国写回信……现在，让我们去呼吸一下新鲜空气吧！”

他俩骑上显得破旧的自行车，向郊外驶去。

拓展阅读

名师点拨

一方面，居里夫人在朋友们为她开的庆贺宴会上认识了卢瑟福，两人在此后结为挚友。另一方面，夫妻二人都秉着无私的科学精神，决定放弃申请专利。

回味思考

1.居里夫人能够吸引卢瑟福的原因是什么？
2.有哪些科学家放弃申请专利？请举例说明。

好词收藏

解释　可怜　绝无仅有　慷慨　陈年佳酿　婀娜多姿

好句积累

◈ 不过幸运的是，那天晚上卢瑟福受到朗之万的邀请，参加了由朗之万主办的小小的庆贺晚宴。

◈ 卢瑟福从幽光中注意到，皮埃尔的手粗糙得不像一位学者，倒像一位搬砖工人的手，而且明显地在发炎、红肿，似乎快握不住小玻璃管了……

荣誉背后的心酸

名师导航

居里夫妇伟大的研究成果最终为他们赢来了很多的奖项。那么，获奖后他们的生活有了哪些变化？夫妻二人为此感到高兴还是苦恼？

【叙述说明】交代了戴维奖设立的时间、地点、获奖对象以及相应的奖励。

1903年，巨大荣誉向他们两人扑来。11月5日，英国皇家学会授予居里夫妇戴维奖章。这项奖励创设于1877年，每年由英国皇家学会颁发，授予在化学研究中取得重大发现的科学家，获奖者可在获得铜质奖章的同时得到200英镑的奖金。

在这之前，他们在1903年还获得过伯特洛奖章、巴黎市荣誉奖章。而这一年最大的荣誉是他们将获得该年度的诺贝尔奖。1903年11月14日，瑞典科学院院士、常务秘书欧利维理乌斯写了一封信给居里夫妇：

居里先生暨夫人：

……瑞典科学院在11月12日的会议中，决定以本年度诺贝尔物理学奖金的一半授予你们，表示尊重你们在贝克勒尔射线的研究上共同卓越的成就。这一决议，要在12月10日才正式公布，此前将严守秘密，奖金和金奖章也将在同时颁发……

评审委员会还希望居里夫妇在授奖那一天，能到瑞典斯德哥尔摩来接受奖状、奖章和奖金，并在会上做“诺贝尔演讲”。

11月19日，皮埃尔回信说，他非常感谢瑞典科学院将诺贝尔奖授给他们夫妇两人，但因为工作太忙和居里夫人一直生病，无法在冬天出门到严寒的北欧去。他希望在1904年6月天气暖和了再去作“诺贝尔演讲”。

【叙述说明】交代了皮埃尔回复的时间，以及他们不能出席颁奖礼的原因。

12月10日，一直秘而不宣的获奖消息正式宣布。这一消息立即在巴黎和全世界引起了轰动。到1903年，诺贝尔奖是第三次颁奖。

【咬文嚼字】**轰动**：同时惊动很多人。

1901年诺贝尔物理学奖得主是发现了X射线的德国物理学家伦琴；1902年是荷兰物理学家洛伦兹和德国物理学家塞曼，他们两位因为在“研究光和电磁现象之间的联系方面所做的开创性工作”而共享该年度诺贝尔奖。

如果说头两年诺贝尔奖的颁发还处于摸索阶段，还有许多国家（如英国、美国等）对此奖并不十分重

【社会环境描写】

诺贝尔奖在颁发的头两年并没有引起各国的重视，而在居里夫妇获奖的这一年正是势头大热的开始。

视，那么到1903年，在瑞典以外的各国报刊上，支持与赞美诺贝尔奖的文字逐渐增加，1901年保守的英国没有参加角逐，到1902年英国人才醒悟过来，开始为自己的国家取得候选人而展开竞争。正是在这种声望日隆的情况下，1903年诺贝尔奖获奖名单公布了，因此它引起的反响大大超过了前两年。在法国更是非同一般，法国从1901年开始就以最积极的角色参与角逐诺贝尔奖，1901年他们有两人获奖（文学奖、和平奖），1902年轮空，到1903年又有3位法国科学家获奖，这怎能不让法国人欣喜若狂呢？

【抒情】

表现了民众对这次获奖人的好奇和惊讶，同时也从侧面反映了居里夫人作为一位女性科学家的不易。

而且这一次又非同寻常，获奖者竟是一位弱不禁风的金发年轻女性，这是第一位获奖的女性，而且在素来是男性工作领域的物理学中获奖！并且是夫妻双双获奖！这一切真是太吸引人了，太能挑起广大民众和记者的好奇心了。

新闻记者像轰炸机群似的向居里夫妇进行轮番采访，原来门可罗雀的实验棚屋，如今车水马龙、人声鼎沸、熙来攘往，成了闹市；这令最喜欢安静的居里夫妇叫苦不迭，他们根本抵挡不住这种毕生没经历过的采访、照相、好奇……感觉自己简直像动物园中的珍奇动物一样，无可奈何地任各种各样的人摆布。

【叙述说明】

表现了居里夫妇在获奖后受到了极大的关注，这为他们的生活带来了很多不便。

他们惊恐、愤怒，他们感觉受到了凌辱，感到窒息。无论他们走到哪儿，总有人在窥视和跟踪，总有人试图接近他们以求“深挖”新鲜的新闻材料，以便在报上又轰动一番。记者们甚至在伊莲或她喜爱的猫身上大做文章。后来连当时的法兰西共和国总统埃米尔·卢贝的好奇心也被煽动起来了，亲自到那神奇的棚屋去参观。美国人也来凑热闹，有人来信邀请他们到美国去，“给你们举行祝贺宴会”，“一切费用即刻寄去”，而且在信中笃实地叮嘱，“无论如何一定要来”。

皮埃尔和玛丽不胜其烦，玛丽可怜兮兮地写信给哥哥约瑟夫说：

我做梦也没想到获得诺贝尔奖会招来如此嘈杂不堪的结果。我们已不能再过像以前那种安静的研究生活了，皮埃尔和我都认为我们的生活完全被敬仰和光荣毁坏了。我们多想早日回到过去那种没人打扰的安静生活中去，对如今的我们来说，“沉思”才是最重要的。

1904年1月22日，皮埃尔写信给乔治·古依说：

请您原谅我，我早就想给您写信而不能写，因为我此刻过的是一种愚蠢的生活。您看见这种突然发作的“镭狂”了，这种狂热把声望的“好处”都给我们带来了。世界各地的新闻记者和摄影记者追随着我们，甚至于记录我的女儿和她的保姆的谈话，并且大肆描写我家里的那只黑色小猫。我们收到许多函件，还要没完没了地接见许多古怪的人和还没有出名的发明家。还有人向我们请求大笔款项。末了，收藏亲笔签名的人，赶时髦的

阅读笔记

【心理描写】表现了玛丽内心对从前平静生活的怀念和向往，她并不喜欢成为人们的焦点。

【叙述说明】皮埃尔在信中列举了一系列“镭狂”分子的所作所为，表明了他们夫妇二人生活受到了严重的打扰。

人，上流社会的人，有时候还有科学界的人，都……来看我们。这些事使实验室一刻也不得安静，而且每晚还必须写许多无聊的信。过这样的生活，我觉得自己整个人都变蠢了……

【叙述说明】居里夫人不喜欢应酬。

居里夫妇实在厌恶透了这种不断的“骚扰”，包括与上流社会的应酬。其中有一件最著名的逸事是有一天晚上，“著名的居里夫妇”被邀请赴总统的晚宴。在大厅休息时，有一位夫人走近居里夫人，殷勤地问道：

“您愿意由我引您进见希腊国王吗？”

居里夫人诚恳而温和地回答：

“我看不出来有这个必要……”

忽然她惊呆了，跟她说话的竟是总统夫人。她连忙不好意思地改口说：

【叙述说明】居里夫妇最终忍受不了这种充满“骚扰”和“应酬”的生活，悄悄用了化名躲在乡间。

“但是，如果是您要我做的事，我当然一定遵命……”

后来，他们实在受不了，就悄悄地躲到偏野小村子去。在乡间小店住宿时，他们只敢用化名登记。他们像一对农村夫妇，推着自行车在法国西北部布列塔尼半岛上的乡间小路上漫步，心情舒畅地呼吸着有干草香味的田野空气，欢悦地聆听树林中海风的低鸣。这真是令他们开心极了。

他们走累了，就随意在一块石头上坐下，玛丽会乘此机会脱下鞋，把里面的沙子倒出来。有一次，当她正在石头上磕倒鞋中的沙子时，她心里突然一惊：

糟了，怎么会被一个记者盯上了梢呢？

这位记者大约是偶然邂逅，也惊了一下，但他立即认出这就是报纸上登过无数次的“著名的居里夫人”，他立即掏出记事本坐到她身边。皮埃尔无可奈何地轻轻叹了一口气。

【咬文嚼字】
邂逅：指不期而遇或者偶然相遇，也可以表示欢快的神态。

记者想用这意外的好运气挖出一点不平常的消息，但居里夫人只说了一句话：

“请您转告大家，在科学上我们应该注意的是事，而不是人。”

【语言描写】
表现了居里夫人的冷静以及语言上的一针见血，同时反映了她对这种被“窥探”的生活的厌恶。

后来在1923年应美国麦隆内·马丁夫人的邀请写的《居里夫人自传》中，居里夫人还提到这些可怕的骚扰。她写道：

以前我们在不能令人满意的条件下工作，因过分专注而使身体过分劳累，影响了健康。后来又因为宣传得不适度，受到众多人的骚扰，使我们更加劳累了。我素来珍爱的隔绝、平静的生活被彻底打乱，它所造成的影响和后果更加令人不堪设想。我们需要维持正常的生活和研究工作，这就必须完全排除外界的骚扰才行，但我们却得不到这种安静……那些骚扰我们的人，当然存心是善良的，只是他们不明白对于科学家来说什么更重要。

【议论】
善良的居里夫人能理解那些对她充满好奇的群众，但是仍认为他们并不明白科学家真正的需求。

居里夫妇对名声、财富视若浮云。他们不仅把自己所掌握的全部有关镭的知识，无代价地告诉给所有求教于他们的人，还把自己付出如此艰辛的劳动代价取得的镭盐，无偿地送给了许多医院。

【叙述说明】交代了居里夫妇赠送镭盐的时间和对象，表现了他们的无私和知恩图报。

1905年2月，他们把再次提炼的一点镭盐送给了维也纳医院，以感谢奥地利政府廉价供给他们的沥青铀矿渣。

1904年夏季来了，居里夫妇本应去瑞典做诺贝尔演讲，但皮埃尔因为风湿病发作，全身疼痛难忍，没能到瑞典去。

居里夫妇荣获诺贝尔奖以后，法国政府再不对居里夫妇表示关注，似乎真有些说不过去了。

【叙述说明】交代了夫妇两人分别被任职的时间，这与下文提到的“一年之后”相呼应。巴黎大学的这种态度让人感到心寒。

1904年10月，皮埃尔被索尔本大学校长任命为理学院新设物理学讲座正教授；11月，居里夫人也被任命为理学院物理实验室主任。

皮埃尔·居里直到获得诺贝尔奖近一年之后才有资格被任命为教授，这件事本身就具有极大的讽刺性。而且被任命后，他们两人仍然没有与之俱来的实验室，居里夫人曾辛酸地写道：

1904年……因获得了诺贝尔奖，我们的成绩得到了社会的公认，这时巴黎大学新开一个讲座，我的丈夫被任命为该讲座教授；同时又由他开创一个实验室，任命我为该室主任。实际上，当时并没有另建一个实验室，只不过是腾出了几间暂时没有用的空房间供我们使用而已。

【叙述说明】巴黎大学给居里夫妇授予的职位实际上形同虚设，这不禁让人唏嘘心寒。

法国当局如此对待为法兰西共和国争得巨大荣誉的科学家，的确让人寒心。

皮埃尔因为当上教授后仍无实验设备，心中十分郁闷，玛丽本可放弃赛福尔高等女师的教学工作，她却因为舍不得离开那群朝气蓬勃的女大学生，没有辞去这项教学工作。

但在1904年下半年，她向赛福尔学校请了假，因为她怀孕了。到了快分娩的时候，她的妊娠反应非常严重，心理状态也十分令人忧心：她几乎对任何事物都感到厌倦，不爱生活，不爱科学研究工作，连将要生下的小孩都感到厌恶。她不断地对皮埃尔说：

“我为什么又要送一个生命到这个艰难而乏味的世界上来？我们根本不应该让一个无辜的生灵到这世上来无端地受这些折磨。”

12月6日，孩子生下来了，又是一个女孩。他们给她取名为艾芙。

这时，布罗妮雅来到了玛丽身边，她那温柔、镇静的言语和行动，很快驱散了玛丽心中的郁闷，再加之可爱的婴儿使她的母爱之心复苏，她很快摆脱了分娩前可怕的心理失常。她又觉得每一件事物都让她感到由衷地高兴了。

1905年3月23日，也就是分娩后四个半月，她写信给哥哥约瑟夫：

我们这里一切如故，孩子们都好……现在春天到

阅读笔记

【语言描写】通过玛丽对丈夫说的话，可以看出她当时因为妊娠反应而产生的悲观心态。

【语言描写】从居里夫人信中对哥哥说的话，可以看出她心理状况恢复得很好，万事万物都能让她感到高兴。

了，我们已经开始享受花园的好处。今天天气好极了，因为整个冬天过于潮湿，很不舒服，现在的天气使我们很高兴。

我从2月1日起又到赛福尔高等女师去授课了。我下午在实验室，早晨在家里，一周只有两个上午不在家，到赛福尔去……我的工作很多，家务、小孩、上课、实验室，我简直不知道顾哪一件才好。

【叙述说明】 居里夫妇两人身体都有所恢复以后，两人决定完成诺贝尔演讲。

由这封信可以看出，居里夫人完全从怀孕期的噩梦中走出来了。皮埃尔在春暖花开之时，身体也好多了。拖了一年多的诺贝尔演讲不好再拖下去，他们决定6月份两人一同去斯德哥尔摩。

拓展阅读

名师点拨

居里夫妇被授予戴维奖、诺贝尔奖等荣誉，使得一直低调的他们最终走进了大众的视野。从此，他们平静的生活被好奇的人群打乱，夫妇二人为此困扰不已。

回味思考

1.为什么1903年的诺贝尔奖获得了前所未有的高度重视？
2.原本生活安静的居里夫妇在获奖后生活有了怎样的变化？

好词收藏

授予　秘而不宣　醒悟　非同一般　欣喜若狂　人声鼎沸

好句积累

◈ 12 月 10 日，一直秘而不宣的获奖消息正式宣布。这一消息立即在巴黎和全世界引起了轰动。

◈ 无论他们走到哪儿，总有人在窥视和跟踪，总有人试图接近他们以求“深挖”新鲜的新闻材料，以便在报上又轰动一番。

◈ 后来连当时的法兰西共和国总统埃米尔·卢贝的好奇心也被煽动起来了，亲自到那神奇的棚屋去参观。

◈ 居里夫妇实在厌恶透了这种不断的“骚扰”，包括与上流社会的应酬。

◈ 后来，他们实在受不了，就悄悄地躲到偏野小村子去。在乡间小店住宿时，他们只敢用化名登记。

◈ 1905 年 2 月，他们把再次提炼的一点镭盐送给了维也纳医院，以感谢奥地利政府廉价供给他们的沥青铀矿渣。

◈ 居里夫妇荣获诺贝尔奖以后，法国政府再不对居里夫妇表示关注，似乎真有些说不过去了。

◈ 法国当局如此对待为法兰西共和国争得巨大荣誉的科学家，的确让人寒心。

诺贝尔演讲

名师导航

因为居里夫妇身体状况不佳而推迟的诺贝尔演讲，终于在拖了一年多以后正式完成了。皮埃尔在演讲中讲了哪些内容？他们这次瑞典之行是留有遗憾，还是圆满结束呢？

1905年6月6日，皮埃尔代表他和妻子，在瑞典科学院做了演讲。他的演讲题目是《放射性物质——镭》。

他首先表示歉意，"由于一些我们自己也无法控制的原因，我们未能于1903年12月10日在斯德哥尔摩同大家见面。"

【咬文嚼字】

特性：某事物所特有的性质；特殊的品性、品质。

接着他说，"要讲放射性物质的特性，我当然不可能只讲我们两人自己的研究工作。"

他提到了贝克勒尔和许多人。他说：

"1898年，在放射性研究工作开始之初，只有贝克勒尔和我们两人对这个问题感兴趣。从那以后，越来越多的研究工作就出来了，如果不提到这些物理学家们的工作，那就无法深入地讨论放射性研究。这些物理学家有卢瑟福、德比尔纳、埃尔斯特、盖特乐、盖斯勒、拉姆赛和索迪……”

【叙述说明】交代了研究的初始时间和当时这个课题冷门的现实。表现了这份研究“开头难”的境况。

在介绍了“被称为‘放射性物质’”的一般性质后，皮埃尔特别着重指出：

“镭这种放射性物质是一种可以持续不断提供能量的能源，用它的放射性强度可以表示出它的能量的大小。在我与拉博尔德合作的研究中还发现，1 克镭每小时连续释放的热量达 100 卡。卢瑟福和索迪、朗格和普里希特，还有埃格斯特朗，都曾测量过镭释放的热量。据所测量的结果来看，释放能量的强度经过数年后将都不会改变，因此，镭释放的总能量将十分惊人。”

【解释说明】对“镭”的性质进行了诠释，引出他演讲的下文。

对于这种能量的来源，曾引起居里夫妇和许多科学家的高度关注，并提出过几种假说以解释这些能量究竟是从哪儿来的。皮埃尔指出：

“在开始研究的时候，居里夫人和我曾认为，这种现象可以用两种不同的一般假说来解释。关于这些假说，居里夫人在 1899 年、1900 年做过阐述。

【叙述说明】交代了假说出现的时间，并由此引出下文描述的居里夫人提出的两个假说。

“第一种假说：放射性物质从外界摄取能量，然后再释放所吸收的能量，因此这种释放是第二次辐射。空间不断被外来穿透性很强的射线所穿透，在穿透过程中被一定的物质所捕获。这种假说并不荒

【咬文嚼字】**捕获**：捉到，逮住或使人或动物落入自己手中。

谬。根据卢瑟福、库克和麦克林南最近的工作来看，这一假说有助于解释很多物质的极微弱的辐射。

“第二种假说：放射性物质释放的能量来自物质本身，因此放射性物质处在变化之中，它们逐渐地缓慢衰变，尽管其中有些物质的状态从表面上看并不变化。镭在数年中释放的热量，如果与相同重量的物质在化学反应中释放的热量相比，那是非常巨大的。然而，释放出的这些热量只不过是极少量镭在衰变时放出的能量，这些镭少得甚至衰变数年后还察觉不出来。这无疑使我们得出以下结论：放射性物质衰变的原因，要比普通的化学变化深奥得多，因为放射性衰变时元素的转变，意味着原子的存在就会出现问题。”

【语言描写】说明镭产生的热量很大。

这儿我们有必要插上几段话。在19世纪和20世纪之交，由于X射线、放射性的发现，人们对“原子是永远不变化的基本粒子”这种观点有了怀疑，甚至有人对原子这一假说也产生了怀疑，一时间意见纷纭，争论不断。

【社会环境描写】对居里夫人提出两个假说时的背景进行了描写，呼应上文。

正当科学家们为放射性现象引起的问题争论不休时，居里夫人在1899年和1900年的两篇论文中，提出了她的假说（即皮埃尔上述演讲中的“第二种假说”），居里夫人早就认识到放射性现象是一种原子现象，而且她认为放射性物质释放出的能量是“取自于自身，这说明物质的演变还没有完成，还在进行一种嬗变”。

这个假说发表之初，还有一些其他假说（如皮埃

阅读笔记

尔提到的“第一种假说”)似乎也有同样的说服力,但到1905年,“第二种假说”已经占有绝对优势的地位。

1903年,卢瑟福有关“放射性是原子现象”的理论又进一步指出:

【叙述说明】交代了有关“放射性”的新理论的诞生,引出下文。

“所有放射性变化都可以看作是一种物质生成另一种物质的过程(同时放出射线)。若干变化都存在时,它们不是同时的,而是相继的。钍生出钍X,钍X生出钍射气,钍射气生出放射性沉积物。所有这些放射性物质都与一种变化相联系,这种变化产生下一种物质,而不是它自身……因此,不能认为放射性是已经发生了的变化的结果,而只能认为辐射体系统在转变成另一种物质时伴随着射线的放出。”

1904年5月19日,星期四。卢瑟福从加拿大麦克吉尔大学来到伦敦,这天他在英国皇家学会主办的、有最高荣誉的“贝克讲座”上做演讲,演讲的题目是《放射性》。一般认为,放射性衰变理论以贝克演讲为标志,基本上已经建立起来了。而且我们可以说,卢瑟福的理论是居里夫妇早期工作的进一步发展,而且他的理论可以用来解释居里夫妇发现的镭的热效应。

【叙述说明】交代了卢瑟福演讲的具体时间、地点和题目,为下文做铺垫。

卢瑟福的放射性理论提出来以后,不少科学家表示不能同意这一理论,一开始居里夫妇也不完全同意卢瑟福的衰变理论,因为他们的实验数据显示出放射性“都是恒定不变的”,虽然他们两人发现钋的放射性在衰减,却又把它看作是一个例外,因此在一

【叙述说明】一开始不同意,说明后来是同意的。

段不长的时间里阻碍了他们接受卢瑟福的放射性衰变理论。

【叙述说明】居里夫妇在一次次锲而不舍的探究中，逐渐发现真理。对卢瑟福的观点也从“不完全同意”到“认为是正确的”。

但到1903年6月，居里夫妇开始同意：卢瑟福的衰变理论可以很好地解释放射性现象。1904年，皮埃尔在实验中证实了卢瑟福的发现，即氦是镭衰变中的产物，他也因此认为“卢瑟福先生的观点似乎是正确的”。在这次诺贝尔演讲中，皮埃尔又进一步明确提出：

【咬文嚼字】**连续不断**：接连不断，一个接着一个，指长时间地持续，且紧密连接。

“第二个假说在解释放射性元素的特性时，看来更富于创造性，特别是用它可以直接解释钋的自发衰变和由镭产生氦。卢瑟福和索迪大胆地提出并建立了元素的衰变理论。他们认为，放射性元素的原子处于连续不断的、不可逆的解体过程中，在卢瑟福的理论中，这种解体过程一方面会产生有穿透性的射线，另一方面会产生射气和感生放射性，后者是新的，常常是衰变极快的气态或固态的放射性物质，它们的原子量都比衍生出它们的原元素原子量小。这样看来，如果镭是从其他元素中分离出来的，那么它的寿命将是很有限的。在自然界中，镭总是与铀共存的，可以设想它是由铀产生出来的。”

【叙述说明】说明了皮埃尔在演讲中对卢瑟福理论的肯定。

在演讲中，皮埃尔还承认了卢瑟福利用放射性衰变理论所做出的关于地球年龄的推算。最后，皮埃尔以下面十分著名的一段话结束了他的演讲：

“我们可以想象得到，如果镭落到了坏人手中，它就会成为非常危险的东西。由此可能会产生这样一个问题：知道了大自然的奥秘对人类是否有益，人类从新发现中得到的是益处还是害处？诺贝尔的发现就是一个典型的事例。烈性炸药可以使人类创造奇迹，然而在那些把人民推向战争的罪魁祸首手里，烈性炸药就成了可怕的破坏武器。我是信仰诺贝尔信念中的一员，我相信，人类从新的发现中获得的更美好的东西，将多于它带来的危害。”

非常富有戏剧性的是，正当皮埃尔在斯德哥尔摩演讲中谈到“我们认识了一种维持着放射性能源”时，谈到这种能量与“化学反应中释放的热量相比那是巨大得多”时，一位在瑞士专利局默默无闻的物理学家阿尔伯特·爱因斯坦，正是在1905年6月提出了那著名的“质能公式”：$E=mc^2$。30年之后，这一公式的正确性被实验证明，并在1945年8月以落在日本的两颗原子弹得到了具体的应用。几十万人瞬间被这种巨大的能量夺去了生命。皮埃尔的担心立即变成了全世界大多数科学家必须面对的残酷事实。直到今天，核武器——一种可怕的、毁灭性的武器，仍然像达摩克利斯之剑悬在全世界人民的头上。

即使如此，提出这个“质能公式”的爱因斯坦在1945年11月向美国广播公司发表谈话时，仍然指出：

“我不相信文明社会因战争中使用了原子弹而毁灭掉。也许地球上有2/3的人会死亡，但还会留下足够有思想的人和足够的书籍使我们从头开始建设文明……

“至于什么时候原子能可用于和平的、建设性的目的，还不可能做出准确的估计……毫无疑问，这个

【咬文嚼字】

罪魁祸首：罪：犯罪；魁：为首的；首：头目。作恶犯罪的头目，也指灾祸的主要原因。

【叙述说明】

科学家们的担忧最终成为现实，出于造福人类的初衷而产生的发明，却给人类带来了巨大的创伤。

【语言描写】

表现了爱因斯坦对“原子”的肯定，但更多的是担忧。

目标是会达到的……因此，尽管原子能的释放可能是，而且无疑是人类的一大恩惠，但这恩惠暂时还不会成为现实。

“由于我认为原子能在可见的将来不会是一种福音，因此我必须说，它当前对于人类来说是一种威胁。这也许倒是一件好事。它也许能迫使人类在国际事务中建立起维持和平的秩序，而如果没有恐惧作为压力的话，这种秩序无疑是不可能实现的。”

【叙述说明】 不同年代，不同科学家，不同的演讲，却都表达了同样的心境。

爱因斯坦1945年讲的话，与皮埃尔1905年讲的话，表示了相同的忧虑，也表示了相同的希望。

居里夫妇来斯德哥尔摩以前，还十分担心又会出现那种过分的轰动、喧闹、接见、讲话和照相的局面，那会把他们刚刚好转的身体又弄垮的。但他们却非常满意地发现，瑞典科学院的安排很有分寸，使他们两人感到十分愉快。瑞典官员很少出现在这种科学活动中，这也颇使他们感到意外。总之，他们原有的疑虑一扫而空，轻松愉快地做了演讲后，又在北欧这个神奇的国度里游览了几个城市，而后尽兴而归。

【叙述说明】 瑞典科学院很有分寸的活动安排，让居里夫妇非常轻松而愉快地游历北欧。

1905年7月24日，皮埃尔在给乔治·古依写的信中，心情欢悦地讲述了他们的瑞典之行，他写道：

……我和我的妻子刚到瑞典去了一次，这次旅行很合我们的意，我们毫无忧虑，而且得到了充分的休息。此外，其间差不多没有人在斯德哥尔摩，因此正式仪节简单了许多。

瑞典由湖泊和海湾构成，周围有一点陆地，到处是松树、冰河带来的碎石堆和红色木头房子。这个地方的景致略显单调，但是很美丽而且很安静。我们在到那里度过的期间内，几乎没有夜晚，秋天的太阳差不多一天到晚总在照耀着。

【环境描写】安静而美丽的瑞典风光渲染了一种安宁静谧的氛围，烘托出夫妇二人愉快的心情。

我的孩子和我的父亲都很好，我的妻子和我也好多了……

拓展阅读

名师点拨

居里夫妇在推迟了一年后来到瑞典完成了他们的诺贝尔演讲。皮埃尔通过演讲向世人介绍了“镭”的研究过程。事后，夫妇二人愉快地游历了这个神奇的国度。

回味思考

在1899和1900年，居里夫人提出了两个假说来解释什么现象？

好词收藏

持续不断　关注　荒谬　察觉　纷纭　优势　荣誉

好句积累

◈ 30年之后，这一公式的正确性被实验证明，并在1945年8月以落在日本的两颗原子弹得到了具体的应用。

◈ 直到今天，核武器——一种可怕的、毁灭性的武器，仍然像达摩克利斯之剑悬在全世界人民的头上。

皮埃尔的逝世

名师导航

居里夫妇在瑞典成功完成了演讲，同时进行了一次快乐的旅行。放松心情后回到家的夫妇俩又将开始怎样繁琐的应酬和工作呢？又有什么幸运或是厄运降临到这个忙碌的家庭？

【叙述说明】声名显赫后的居里夫妇生活有很大的变化，原本清净简陋的小屋也变得热闹非凡。

【咬文嚼字】翩翩起舞：形容轻快地跳起舞来。

此次旅行天气很好，身体的健康情形也颇佳，而且到处受人尊重，他们两人都感觉十分愉快，后来回想起来，也都认为这是他俩在生命中最幸福的时期呢！

回到巴黎，他们还是尽量避免无谓的应酬，无奈他们声名显著，各国到法国来访的学者都会来访问他们。于是，他们的房子里也跟以前大不相同了，经常是高朋满座。

在这简朴的客厅中，有一夜举行了一次稀奇的表演。在黑暗的房中，一只长着青白色磷光的大蝴蝶在悠扬的乐声中翩翩起舞。

那情景就好像是童话里的仙境，所有的观客都深表赞叹。

这是当时美国著名的舞蹈家罗伊 · 弗莱小姐读了一段“镭在黑暗中发光”的新闻而涌起的灵感，并在居里夫妇的协助之下，表演了这样一段别出心裁的舞蹈。

——这是艺术家与科学家的智慧大结合。

世人更想象不到，成为世界大话题的镭的磷光会被利用到豪华的舞台上，所以巴黎的剧场真是每晚客满，门庭若市呢。

罗伊 · 弗莱小姐为了对居里夫妇表示谢意，所以特地在他们的客厅里表演了这段奇异的舞蹈。皮埃尔、玛丽和小伊莲看了这次的演出都高兴极了。

【叙述说明】 居里夫妇发现了“镭”是罗伊小姐的舞蹈灵感来源，因此她特意为他们表演了这段舞蹈表示感谢。

不久，法国政府也不好意思再让居里夫妇这样的大学者冷落在一旁了。

因为美国以及西欧各大学都发动邀请居里夫妇去讲学的运动。

法国政府不得不连忙请皮埃尔 · 居里做法国科学学士院的会员，在索尔本大学替他开了物理讲座。同时，还替他们夫妇俩向议会申请10万法郎的预算，作为实验所的创立费用。

【叙述说明】 法国政府终于开始重视这对学者夫妇，并为其提供了资金助其研究。

接下来即一致通过了此项申请。

1906年4月19日——

那是一个阴雨连绵的星期四。

那天从早便很阴暗，虽已是4月中旬了，可是雨

【环境描写】
春日细雨却如冬雨般阴冷而刺骨，渲染了一种凄凉的氛围，为接下来事情的发展做出铺垫。

水却有如冬天的那般冰冷。

皮埃尔为了赶赴大学里的午餐会、校对自己的书和参加学士院例会，所以从早晨便在雨中东奔西跑着。

下午2时许，皮埃尔在丹东街的科学馆办完一件事情出来，为了再去比拉鲁书店校对即将出版的书，所以沿着塞纳河走。雨仍旧倾盆似的下着。

当皮埃尔正横穿过马路中心要到对面去的时候，由马路的左右两边冲出两辆马车。

【场面描写】
对皮埃尔害场面进行了描写，重现现场，惊心动魄。

他正慌张地想躲避时，不幸滑了一跤倒在马路上。

“啊！”

瞬息间，巨大的车轮已压碎了皮埃尔的头盖骨。立刻鲜血如注，把马路染红了一大片。等到警察赶来时，已无法挽救了。

“啊，这位是居里教授！”

他带着的东西被查清时，人群的骚动便更大了。不幸的消息马上传播开来。

传到政府、大学，以及玛丽所住的格鲁曼街的一带。

【叙述说明】
对于皮埃尔逝世的消息，玛丽一直迟迟不知晓，更增添了一种悲剧色彩，营造出一种悲痛的氛围。

亚别鲁校长和白朗教授立即赶来，可是，家里只有老居里先生和女用人在，玛丽外出还没有回来。

一点消息都不知道的玛丽，一直到下午6时才淋着雨回家。来到了家门，她就感到有些异样。

“怎样了？”

她无所谓地推开大门。想不到亚别鲁校长和白朗教授悲伤地站在那儿：后面还有四五个不相识的人。

玛丽心中一怔，这才注意到房中的景况，那些工作的人知道玛丽回来了，都哑口无声地瞪着双眼看她。

【神态描写】表现了当时在玛丽家中弥漫的悲伤气氛。

一阵短暂的沉默后，亚别鲁校长沉痛地说：

“夫人，不幸的事情发生了……”

——皮埃尔死了。

玛丽这才知道是怎么回事，但她当时竟哭不出也叫不出，只是呆若木鸡似的站在那儿。

【咬文嚼字】**呆若木鸡：**呆：傻，发愣的样子。呆得像木头鸡一样。形容因恐惧或惊异而发愣的样子。

——皮埃尔死了。是吗？

她像做梦一般地听着人们轮流地讲着当时的情况。

这些话她不知听见了没有，只是眼神迷惘，一语不发。

唉，这是可怕的悲剧，不是梦啊！

【抒情】抒发了居里夫人因为丈夫去世而产生的极度的悲痛之情。

不久，救护车把皮埃尔的尸体送回家来。

躺在担架上扎着绷带的那具尸体，正是早上笑眯眯地出门去的皮埃尔呀！

皮埃尔的东西也都送回来了。怀表、钢笔、研究室的钥匙……完好的怀表还像是什么都没发生过似的“嘀嗒嘀嗒”走着！她静静地吻了丈夫的脸和手。

【物体描写】用拟人的手法和强调句式，以怀表的无变化来反衬居里夫妇的悲惨命运。

绷带上染着鲜血，显然是痛苦的死亡，但是那张脸的神情却是多么的安详……

“皮埃尔真的死了吗？……我的皮埃尔！”玛丽的泪水突然像洪水一般倾泻出来。

拓展阅读

名师点拨

生活开始渐渐好转，噩运却又降临到居里一家。皮埃尔在一个阴雨绵绵的清晨，丧生于一场车祸，留下孤独而悲伤的居里夫人独自落泪。

回味思考

1.罗伊小姐为何要特意到居里夫妇的住处为他们两人表演一段舞蹈？

2.为什么当居里夫人听到丈夫死讯的时候竟然哭不出来？

好词收藏

应酬　高朋满座　翩翩起舞　别出心裁　门庭若市　邀请

好句积累

◇回到巴黎，他们还是尽量避免无谓的应酬，无奈他们声名显著，各国到法国来访的学者都会来访问他们。

◇在黑暗的房中，一只长着青白色磷光的大蝴蝶在悠扬的乐声中翩翩起舞。

◇世人更想象不到，这成为世界大话题的镭的磷光会被利用到豪华的舞台上，所以巴黎的剧场真是每晚客满，门庭若市呢。

◇那天从早便很阴暗，虽已是4月中旬了，可是雨水却有如冬天的那般冰冷。

◇瞬息间，巨大的车轮已压碎了皮埃尔的头盖骨。立刻鲜血如注，把马路染红了一大片。等到警察赶来时，已无法挽救了。

◇一点消息都不知道的玛丽，一直到下午6时才淋着雨回家。来到了家门，她就感到有些异样。

振作的居里夫人

名师导航

皮埃尔在一次意外中丧生，让玛丽痛不欲生。那么接下来，她将如何面对这个冷清的家？要怎么从这样的悲痛中走出来呢？

“咱们俩，不管谁先死，剩下的一个恐怕也活不下去了。”

玛丽想起他们俩从前曾这样谈过。

“唉，现在是他先死去了。留下我来，该怎么办呢？”

痛苦时、失意时，曾是互相勉励的一对夫妇……但是，11年的美满生活竟是如此突然地告终了。

在广大的巴黎，玛丽有9岁的伊莲和两岁的艾芙两个女儿，今后将如何生活下去？她不禁觉得眼前发黑。

【心理描写】表现了居里夫人痛失丈夫后的绝望和对未来的迷茫。

镭的研究也只是才完成了第一个阶段，以后还有第二、第三的阶段需要去研究呢。

而现在，唯一依赖的皮埃尔却突然去世了。

她就像是只折了一边翅膀的鸟儿，不知如何再飞翔于高空中。

【语言描写】连用了三个问句，表现了居里夫人的伤心痛苦和绝望。

“皮埃尔：你怎么这么早就去了天国呀？……留下我一个人……我真想随你而去……但是抛下伊莲和艾芙怎么办呢？还有那未完成的研究工作呢？”

玛丽悲痛地在日记簿上写下：

【咬文嚼字】**悲痛**：悲伤哀痛。

每天桌上堆满了安慰我的电报。报纸和杂志上也登满了有关你的事。

不论人家怎么安慰，那只会增加我的悲痛，而你是永远不再回家来了。

【叙述说明】表现出居里夫人对丈夫的爱。

我把一枝夹竹桃和自己的相片放进你的灵柩里。可惜你所爱的夹竹桃还没有开花。皮埃尔，在你生前毫不留情地拒绝你的研究费补助和申请入学士会会员的法国政府、那些大官和大学方面的人士，最近突然都对我殷勤起来，还想在你的葬礼之前举行一个追悼你的演讲会，我都拒绝了。我想他们就是如何的赞美你，你的灵魂也不爱听了。

假如他们在你生前能多给你一些援助，你那短暂的生命中所完成的也将更大呢！

【抒情】抒发了居里夫人对去世的皮埃尔深切的怀念和爱。

一切都太迟了！你再也不会起来打开研究室的门了。

皮埃尔：你实在是我心爱的丈夫，也是我最热心的老师呢！现在，只留下我一个人，叫我如何来进行你所未完成的重大工作呀？在葬礼的行列中缓步行进时，我也想着这些。

葬礼是依你平日的作风，简单举行的，只有少数的亲友来参加，但是，教育部部长说什么也要去参加，因此他是葬礼中唯一的外人。

我们把你埋葬在苏镇的居里家墓地里，与你母亲并列着。将来我会安眠在你的身旁。最后，我把花瓣撒在你的墓上向你告别。

1906 年 4 月 22 日　星期六

玛丽默默地合上日记簿。

身旁的艾芙甜睡着，窗外春愁，在人间哀乐中，刻刻加深。

【环境描写】 借景衬情，加深的春愁，亦映衬出居里夫人内心的愁绪。

接到玛丽电报的约瑟夫和布罗妮雅连夜赶来巴黎，但是，终于没能赶上葬礼。

“唉，怎么这样快呢！”

哥哥和姐姐听了不幸的事故，心中只有惋惜与悲哀，也不知如何来安慰这可怜的妹妹了。

【咬文嚼字】 **惋惜**：对某事感到同情、可惜。

两个人都握着玛丽的手，一语未发，可是，玛丽已领情了。他们随便说一句什么话，布罗妮雅和玛丽也会哭出来的。

葬礼完后，玛丽换上了一件黑色衣服，她很少开口，就是有人来访问，也只是默默地致意而已。

哥哥、姐姐和老居里先生，都很担心玛丽这样下去会影响健康。

他们又想，不幸的玛丽也许不久就会追随亡夫之

【心理描写】 表现了家人对居里夫人的关心和担忧，同时从侧面反映了居里夫人状态差。

后的。

玛丽自丈夫死后，变得连对两个女儿都不大喜欢说话，也难怪别人会替她忧虑呢。

阅读笔记

其实玛丽的内心此刻正在努力用理智去克服那脆弱的感情。这是长期忍苦耐劳的意志使她这样的。当她寂寞时，或想念皮埃尔时，她便会提起笔来在日记里跟皮埃尔聊聊。

皮埃尔：你和我分别还没有几天，可是我已觉得好像有一年之久了。

桌子上你当日所读的那些参考书，依旧保持着原状。帽子也仍然挂在架子上。还有你出事的那天，口袋中遗留下来的那只表，也像往常一样嘀嗒嘀嗒地响着。

暂时我要保持房中一切如故，过着如你生前的生活方式。

【语言描写】表现了居里夫人在丈夫去世后对未来的担忧和迷茫。

皮埃尔：关于你遗留下来的大学里的物理讲座和实验室等问题，政府和大学方面正在商谈着。我最担心实验室的前途，我该如何来处理你所留下来的研究工作呢？

昨天接到政府通知：要给我这未亡人和孤儿们抚恤年金，用意可感，可是我谢绝了。我还年轻，我仍可以当教员抚育两个女儿，做一个有为的法国母亲。

【叙述说明】因为居里夫人的博学多识，大学决定要考虑她的安置问题。

玛丽实在是一位很有教养的女性。大学方面看她虽然是位女性，但她是具有理学博士学位的女性，因之也就不得不考虑如何来安置她了。

学校正进行一项重大研究工作的实验,打算让她当实验室主任,那么,应该派谁来做这工作的指挥呢?尤其这是举世所注视的镭的实验,要挑选一位负责的教授并不容易。

玛丽的日记中还写道:

皮埃尔:你生前的好友乔治·格伊和夹克先生来访。据说,他们已向大家提议,继承皮埃尔的研究工作者非任何教授,而是他的妻子。

亚别鲁校长也大致表示赞同,如果,真的任命一个妇女的我为教授,那将是一件打破传统的惊人事情呢!

【抒情】
表现了居里夫人内心因被任命为教授而产生的愉悦和激动。

可是,这惊人的事情终于实现了。

封建思想浓厚的大学,竟然一致通过决议,任命玛丽来继承皮埃尔创设的物理学讲座。

虽然,居里夫人的资格不是教授,而只是“讲师”。无论如何,在法国教育史上,她是第一位上了大学教坛的女性。

【叙述说明】
表明了居里夫人走上大学讲坛的非凡意义。

在日记里,玛丽这样写着:

皮埃尔:现在我继承了你的事业了,在实验室里坐的是你的椅子,在大学拿的是你的教鞭,来对学生讲解。对我而言,一则以喜,一则以悲。因为,这些都能勾起我对你的回忆。

但是,想起你以前常说的,无论发生多大的变化,这

【景物描写】皮埃尔喜爱的花开了，这原本是多么快乐的事情，如今，却因为斯人已去，反而愈发渲染了一份哀伤。

实验一定要由我们去完成，我便只有鼓励自己，接受了大学的聘请。你逝去将近一个月了。你常插在花瓶里的金莲花已开了。紫藤和菖蒲也含苞待放了。这都是你所喜欢的花，所以，我怕睹物思人，连看一下这些美丽的花都不愿意。

震惊了世人，把玛丽陷入悲哀深渊的皮埃尔之死，过了两个月，一切又恢复了从前的平静。

【叙述说明】玛丽在亲人的关怀下逐渐恢复了生活的勇气，哥哥因此也放心地回家了。

在玛丽的心底重新又产生了莫大的勇气，她的理智已能超越丧夫的悲哀，恢复往日的冷静态度了。从华沙赶来的约瑟夫，看见妹妹这种情形，放心地回去了。

布罗妮雅虽然还有些不放心，多留了几天在巴黎陪伴玛丽，但是，不久也就不得不回到与卡基米共同主持的疗养院去。

7月了。

【叙述说明】布罗妮雅要离开玛丽了。

3个月的时间在悲伤中逝去。明日，布罗妮雅就要离去了。

玛丽把姐姐叫到自己房里来，在这炎热天气里开始烧起火炉。

布罗妮雅有些吃惊地问：

“玛丽娅，这是干什么呀？”

“布罗妮雅，请你帮帮忙。这是秘密，只能叫姐姐帮忙的。”

说着，她从柜子里拿出一包东西来，用剪刀剪开了上面所捆着的绳子。

啊！布罗妮雅吓得几乎叫出声来。

“玛丽娅，这是……”

玛丽什么也没说，只是点了点头，紧跟着打开了包裹。

那是皮埃尔当天被马车碾死时所穿的衣物，上面血迹斑斑，使当时那副惨景如在眼前。

玛丽把那些衣物取出，突然用剪刀把它们剪碎。

“玛丽娅！做什么？”

玛丽还是默默不语，把剪碎了的布块丢入炉火中。

染着皮埃尔血迹的布料立刻在火中燃烧起来。

“过去的一切悲伤回忆，统统跟着这火焰一道消逝吧。让我再得到新生勇气……”

嘴里虽然没说出，但这的确是玛丽的悲痛心声。

虽是好强的玛丽，看着一件一件从包裹中出现的有血迹的纪念品，她终于也忍不住抱着布罗妮雅哭了起来。

布罗妮雅了解玛丽的心情，她开始帮着妹妹把布剪碎投入火中。

烧吧！烧吧！当把这一些都燃烧尽了，姐妹俩紧握着手，像石像一般僵坐着。不久，姐姐开口了。

“玛丽娅，过去的一切已经结束了。从明天起，更艰苦的日子即将开始，不过，你一定能胜任的，你从小就不曾输过任何事情的，我相信今后你将获得前所未有过的大胜利。”

【语言描写】 表现了布罗妮雅的惊讶，从侧面反映了玛丽所作所为的出乎意料，为下文设置悬念，引人入胜。

【心理描写】 表现了玛丽的坚强勇敢，她下定决心要从悲伤中走出来，开始新的生活。

【动作描写】 悲痛欲绝的玛丽，替她分担着痛苦的姐姐，在这燃尽的衣物前相偎依，表现了姐妹情深。

她用发烫的手抚摸着玛丽的头发这样说。

“玛丽娅，我知道你会寂寞的，但是，忍耐吧。你是法国的第一位女教授呀。别忘了全法国都在注视着你。还有，你曾经告诉过我的，镭的单独分离，皮埃尔生前没能做完的工作，请你一定要完成它。这是全法国，不，全世界，只有你一个人才能做到的。相信皮埃尔在天之灵也是寄望于你的。玛丽娅，为了祖国波兰的名誉，你也得把它做成功。”

【语言描写】姐姐对玛丽的信任和鼓励，让她得到了很大的安慰和信心。

姐姐这一番话给了她很大的鼓励，玛丽目光炯炯地回答：“谢谢姐姐。让你太关心了，不过，现在我已经好了，不再悲伤了。我要去完成皮埃尔留下来的工作，我要一个人做两个人的事，所以，也许会费很多时日才会成功，可是，我答应一定要坚持到底。”第二天，布罗妮雅坐火车离开了巴黎，玛丽真的变成了孤单单的一个人了。

【语言描写】表现了玛丽崇高的科学精神以及她感人至深的勇气和觉悟。

拓展阅读

名师点拨

皮埃尔去世后，居里夫人对生活失去了信心和希望，郁郁寡欢。但是，她在亲人的关心和自己的努力下逐渐走了出来，燃起了对生活的新的希望。

回味思考

1.居里夫人为什么要谢绝政府的抚恤金？

2.皮埃尔喜爱的花开放了,为什么居里夫人却不愿意看一眼?

好词收藏

勉励　致意　脆弱　资格　冷静　血迹斑斑　默默不语

好句积累

◈ 痛苦时、失意时,曾是互相勉励的一对夫妇……但是,11年的美满生活竟是如此突然地告终了。

◈ 她就像是只折了一边翅膀的鸟儿,不知如何再飞翔于高空中。

◈ 身旁的艾芙甜睡着,窗外春愁,在人间哀乐中,刻刻加深。

◈ 葬礼完后,玛丽换上了一件黑色衣服,她很少开口,就是有人来访问,也只是默默地致意而已。

◈ 震惊了世人,把玛丽陷入悲哀深渊的皮埃尔之死,过了两个月,一切又恢复了从前的平静。

◈ 烧吧!烧吧!当把这一些都燃烧尽了,姐妹俩紧握着手,像石像一般僵坐着。

接续皮埃尔的讲座

名师导航

逐渐从悲痛中走出来的玛丽，接下来会有什么发展呢？她会不会接受学校给她的安排，接替皮埃尔的职务？她能否胜任大学教员一职呢？

阅读笔记

【叙述说明】揭开了玛丽一家新生活的序幕，并引出下文。

玛丽首先想搬离这记忆太深的格鲁曼街的房子。

考虑了很久，她才决定租用巴黎郊外苏镇修曼·费尔街一家有院子的房子。

苏镇是皮埃尔婚前所住的地方，也是如今皮埃尔永眠的地方，从这儿到索尔本大学需坐半小时的火车，可是，孩子们却乐于在郊外的绿草地上玩耍。

79岁的老居里先生和玛丽以及两个孩子的新生活就在此开始了。

大学的学期在11月间才开始，所以，玛丽准备整个暑假中什么地方也不去，只是关在实验室中好好做一番准备工作。

她把皮埃尔的参考书和笔记拿来从头看起。她不愿意让学生们批评自己讲得不如皮埃尔。如果不能讲得比皮埃尔好，简直对不起为她奔走的人们。

于是暑期中，她单独在研究室里整天啃着书。

两个孩子被乡下的亲戚接去玩，虽然她是有点寂寞，倒也省得费神照顾。

有时，那如同暴风雨后的寂静会使她突然有不能忍耐之感，但是，理智强烈的她，又马上鼓舞自己奋勉向学。终于在1906年11月5日下午1时30分，要开始她的物理学的第一回讲座。

这一天，玛丽提早走出家门，先到皮埃尔墓前，把一束鲜花供在皮埃尔的墓前，用低沉的语调，像是对活人说话一般地说：

“皮埃尔：我今天开始要接续你留下的讲座了。我将努力不负你的名声和学问。可是，我却有点担心身为一个女人，如何在学者如林的索尔本大学站住脚呢。可是，我未失去对学问的信心。为了曾得诺贝尔奖的名誉也得奋斗到底。请你在天国保护着我吧！”

在这时候，索尔本大学的物理学教室里里外外已挤满了人，连校园里都站有好多人。

因为妇女上讲坛是有史以来的创举，同时又是有名的悲剧女主角和诺贝尔奖的得主，所以，轰动的情况是空前的。再加上所讲的题目是继承亡夫的讲义——

【咬文嚼字】

寂静：指没有声音；安静，很静。

【叙述说明】

交代了玛丽上大学物理第一课的具体时间，并引出下文。

【语言描写】

通过玛丽在丈夫坟前说的话，表现了她对自己的第一场讲座既期待又担心的心境。

“关于放射能。”

这样一个集全世界的兴趣与注意的响亮名字，所以，除了物理系的师生之外，新闻记者和社会人士也来了不少。

【叙述说明】从侧面反映了玛丽这次演讲的受欢迎程度颇高。

原来，这间物理学教室只能容纳120名听众，所以，这次被挤出校园的人们便都到办公处去大吵大闹。

到了时间，玛丽推开教室的门，走上了讲台。方才还在拥挤喧哗的听众，此时竟安静无声。

【咬文嚼字】**喧哗**：形容声音大而杂乱。

玛丽走到讲台中央微微低下了头，这时教室里响起了一阵热烈的掌声。她脸色微微发白，等着掌声停止。

掌声停了。她会怎样开始讲呢？所有的人都在屏气等待着。

阅读笔记

“回顾近10年来物理学界所达到的进步情形……”

玛丽用稳重的声调从皮埃尔最后的讲义开始讲起。

她充分地利用时间讲解关于原子的裂变，及关于放射能物体的新理论等。时间一到，又微微低下头，走出教室。

如醉如痴地听得入神的人们，到了这时方才如梦初醒，又报以响亮而热烈的掌声。

玛丽的首次演讲已大大地成功了。

学校当局听了她这伟大的演讲内容，也不得不钦佩道：

“实不愧为拥有理学博士头衔的妇人。”

【语言描写】表现了学校当局对玛丽此次演讲的高度肯定，这也从侧面反映了玛丽的才干和能力。

除了教授物理学之外，玛丽还身兼指导实验室的要务。

实验计划，对助手的命令、指导、监督以及对结果的新报告等，就是一位男学者恐怕也不易做到的事情，而她却得独自一一解决这些难事。

不但这样，玛丽目前所进行的“镭的单独提炼”研究，远较夫妇两人从前所做的实验更为困难，比起讲座的准备还要困难好几倍哩！

【抒情】使用了强调句式，突显了玛丽所做研究的困难，以及她的辛劳。

她常常在实验室或家里因脑贫血而晕倒，叫大家着急。谁都知道这种大事业不是她那瘦弱的身体所吃得消的，但是，又有谁能替她来完成这项工作呢？

阅读笔记

玛丽自己也深深知道这一点，所以，为学问，也是为继承亡夫的遗业，她宁可咬紧牙关奋斗到底。凭着她那超凡的毅力，她一步一步地克服了种种困难。

拓展阅读

名师点拨

玛丽接续了皮埃尔在大学的工作，开始了物理学的授课。她为此做了很多准备，以期不辜负自己和他人。

回味思考

1.玛丽的物理学讲座为什么轰动一时？
2.玛丽的第一次演讲结果如何？

好词收藏

寂寞　强烈　喧哗　稳重　瘦弱　毅力　克服

好句积累

◈ 她不愿意让学生们批评自己讲得不如皮埃尔。如果不能讲得比皮埃尔好，简直对不起为她奔走的人们。

◈ 两个孩子被乡下的亲戚接去玩，虽然她是有点寂寞，倒也省得费神照顾。

◈ 到了时间，玛丽推开教室的门，走上了讲台。方才还在拥挤喧哗的听众，此时竟安静无声。

◈ 如醉如痴地听得入神的人们，到了这时方才如梦初醒，又报以响亮而热烈的掌声。

对女儿的教育

名师导航

在学术方面，居里夫人在接替了亡夫的事业后大获成功。那么在家庭方面，她又表现得如何呢？作为两个孩子的母亲，她是如何教育自己的女儿的？

皮埃尔另外又留下了一个重要的工作，那就是伊莲和艾芙的教养。

玛丽常对世间某些教育子女的方式有着很大的不满，那不仅存在于下层社会里，就是在教育程度颇高的家庭中也是常见的现象。对作为一个科学家的玛丽而言，那种教育方式，实在是太愚蠢而可笑了。

晚春的某一天——

在苏镇附近下着倾盆大雨，雷鸣和闪光大作。刚刚10岁的伊莲吓得躲进被窝里。玛丽见了这情形，立刻就把伊莲盖着的被子拉开。

【环境描写】电闪雷鸣，狂风暴雨，这为玛丽教育孩子提供了恰好的环境和时机。

“妈妈，我怕！”

女孩子马上钻到母亲的怀抱里。

“这样不行！”

玛丽骂着，强迫伊莲坐在椅子上。

玛丽看着脸色苍白、坐着发抖的伊莲，用很浅显易懂的话给她解释打雷的原因。

“可是，雷打在这房子上怎么办呢？”

【语言描写】 表现了居里夫人对教育孩子方面很有自己的想法，同时也表现了她的耐心。

“不会的，这房子有避雷针。”

“假如……假如打在附近的房子上，就会起火吧？”

“不，砖造的房子是不会烧起来的。”

“我讨厌闪光呢！”

玛丽站起来，把所有的窗帘都拉上了。

“这样就看不见闪光了。”

“那么，妈妈，打雷的声音不是那些魔鬼的声音吗？”

“妈妈不是已经告诉过你，那是电的作用。所谓魔鬼生气怒吼，那是一些愚蠢的人的想法。”

“那么，雷会抢人家的小孩子是假的吗？”

【叙述说明】 伊莲在母亲的教育下逐渐摆脱了对雷和闪电的恐惧。

“那都是骗人的话，雷是不会抢人家小孩子的。”

起初半信半疑的伊莲似乎渐渐消除了对闪电、雷鸣的恐惧心理。

“我以为遇到打雷的时候，大家急着跑进房里去是怕被雷给抢走哩！”

“打雷的时候在外边是有危险的，尤其是高树底下更危险。不过，只要待在这种有避雷针的房子里便是绝对安全的，懂吗？”

“妈妈，我懂了。”

从此以后，伊莲把害怕打雷的心理完全消除了。玛丽也特别恨鬼故事。假使遇到附近的人在孩子们面前谈鬼，她会毫不客气地去纠正人家，所有关于鬼怪的书她都撕毁了，不准孩子们看。

伊莲和艾芙也跟别的孩子一样，不喜欢在晚上到黑暗处去，更不愿意一个人睡觉。

【叙述说明】玛丽的两个女儿也害怕夜晚的时候一个人睡觉。

“不必害怕的。”

玛丽便会一再地对她们说明没有鬼存在的道理，所以，不久孩子们便不再怕独自睡在二楼的卧室里，而且晚上也敢独自外出了。

后来，伊莲竟然敢独自坐火车到远处的亲戚家去了。

玛丽对孩子们不但注意精神方面的教育，对身体方面的锻炼也是颇费苦心的。

她利用院子里的大树给她们造秋千和跳跃环，让她们活泼地玩耍，等她们稍大后，便把她们送进健身学校锻炼身体。每个星期日的下午是两个女孩子最愉快的时间。

【叙述说明】玛丽不但对女儿的精神教育很重视，同时也注重提高她们的身体素质。

“妈妈，轮胎的气打足了。”

“好，咱们走吧。”

于是，母女3人骑着3部脚踏车到郊外去游玩。艾芙唯恐落在妈妈和姐姐后头，使劲儿踏着。微风轻拂着出汗的额角。

到了郊外，她们或采野花，或脱了鞋走进河的浅

【叙述说明、抒情】列举了玛丽和孩子们郊游时候的一些活动，抒发了内心的快乐。

水里玩，或在明媚的阳光下，坐在绿草上吃点心，这有多么快活呀！

晚餐桌上的花瓶里插满了郊外采来的花儿。爷爷在微笑着倾听两个孙女儿讲白天里郊游的事情。

对繁忙的玛丽，这是最愉快的时光。

她费尽心思要使孩子忘却没有父亲的寂寞，她认为体育游戏是最好的方法，因此，无论怎么繁忙，她都要想法子偷闲参加孩子们的游戏。

暑期中，她领着她们到海滨去，教她们在波浪中游泳。因此，两个女孩子都很健康。

【咬文嚼字】**不知不觉**：没有意识到，没有觉察到。现多指未加注意。

另一方面，实验室的工作虽然也免不了出差错，可是究竟是一步一步地已接近最后的目的了。皮埃尔死去已不知不觉地经过了4年的岁月。

玛丽的生活好不容易地浸浴在和平与幸福之中。可是，这时候突然又有一大不幸的事侵袭了这一个家庭。

【叙述说明】交代了老居里先生去世的时间，他的逝世对这个家庭来说是个不小的打击。

1910年2月25日，对幼小的伊莲和艾芙而言，是一位最热心的家庭教师和最慈祥的朋友老居里先生，突然患肺炎死去了。

【咬文嚼字】**风烛残年**：比喻人到了接近死亡的晚年。

玛丽虽然废寝忘食地照顾他，可是，老居里的年纪实在太大了，风烛残年终究敌不过疾病的侵袭。

在苏镇的居里家的墓地上又多了一个新坟。

从前有这位老人的照应，玛丽可以放心在外做事，如今，却不能把一个家留给两个年幼的孩子看守。

在波兰的哥哥姐姐们，常挂念着玛丽而设法来帮助她，尤其是二姐荷拉，更是常来照顾两个孩子。小艾芙很喜欢荷拉阿姨。

【叙述说明】牵挂着玛丽的哥哥姐姐们替她分担了很多。

“阿姨，我们到院子里去荡秋千好吗！”

荷拉阿姨来的时候，艾芙就不会找繁忙的妈妈撒娇了。

玛丽绝不像那些因失去父亲而特别宠爱小孩子的母亲。有时候孩子们不守规矩，她虽然不会打她们，可是，却常常一两天不肯跟她们交谈一句话。孩子们也受不了这种处罚，不得不向妈妈道歉。其实，这种方式的处罚，真正受苦的倒不是孩子，而是玛丽本身呢！

【抒情】使用了强调句式，突显了玛丽为了更好地教育孩子而自己承受的痛苦。

拓展阅读

名师点拨

丈夫去世后，玛丽一人扛下了教育孩子的重任。她在这方面有自己独到的见解和方法，注重孩子的全面发展。在生活慢慢步入正轨的期间，老居里医生却去世了，为这个家庭再次带来了悲伤。

回味思考

1.大女儿伊莲害怕电闪雷鸣，玛丽是怎么教育她的？

2.玛丽家中又遭遇了什么悲伤的事情？

好词收藏

愚蠢　倾盆大雨　半信半疑　活泼　唯恐　不知不觉

好句积累

◈ 玛丽看着脸色苍白、坐着发抖的伊莲，用很浅显易懂的话给她解释打雷的原因。

◈ 起初半信半疑的伊莲似乎渐渐消除了对闪电、雷鸣的恐惧心理。

◈ 伊莲和艾芙也跟别的孩子一样，不喜欢在晚上到黑暗处去，更不愿意一个人睡觉。

◈ 到了郊外，她们或采野花，或脱了鞋走进河的浅水里玩，或在明媚的阳光下，坐在绿草上吃点心，这有多么快活呀！

玛丽的第二个诺贝尔奖

名师导航

皮埃尔死后，玛丽获得了哪些援助？她的出色科研成就又为她赢得了怎样的荣誉？一直对祖国波兰怀着深深怀恋之情的她会做出怎样的决定？离开冷漠的巴黎还是为了科学继续留在原地？

皮埃尔死后，有两人向玛丽伸出援助的手。

其一是美国富豪“钢铁大王”兼慈善家的安德鲁·卡内基赠给玛丽足够几年用的研究费。这个意外的援助，使居里夫人的研究室得以改善设备和增加研究人员。

另一个是安德烈先生，他来帮助玛丽做研究工作，她之所以能完成镭的单独分离，实在得力于他的不少帮助。

这项研究是玛丽苦心和努力的结果。瑞典方面马上又向斯德哥尔摩的科学学士研究院推荐玛丽为

【咬文嚼字】

援助：为某个人或集体提供支持和帮助。

【叙述说明】

叙述了两个人对玛丽的帮助和支持，交代了玛丽能顺利完成科学研究的客观条件。

【抒情】
表现了两度获奖的不容易，从侧面反映了玛丽在科研方面的出色。

1911年的诺贝尔化学奖候选人，而使她再度获奖。

一生之中两度荣获世界最有名的诺贝尔奖，这是多大的荣誉啊！这是前所未有的例子，恐怕日后也很少会有的吧。

死去了丈夫，养育着两个幼女，在简陋的实验室中挥汗工作了4年，如今得到了补偿。

由于操劳过度，她已经病倒了好几次，又因为她是一位女流，所以，法国学士院对她很不亲切，她不知有多少次为了自己是个亡国奴而忍不住地悲愤痛泣过呢。

【叙述说明】
交代了玛丽第二次获得诺贝尔奖时的年纪。

可是，玛丽·居里终于战胜了一切。当时，她43岁。

为了参加诺贝尔奖的授奖典礼，玛丽再度北赴斯德哥尔摩。

这次她写了一封信叫姐姐陪同她一起去，所以，布罗妮雅很高兴地赶来了。

除了姐姐以外，玛丽这次把大女儿伊莲也带了去。

【咬文嚼字】
感触：接触外界事物而引起的思想情绪。

3个女人一起旅行，但是各人却都有各人的心事和感触。

13岁的伊莲看见瑞典国王亲自将诺贝尔奖颁给母亲，不禁从心底想：

【心理描写】
表现了伊莲内心为母亲感到满满的自豪和骄傲。

“妈妈多伟大呀！”她感到自己能有这样一位伟大的妈妈是多么的幸福啊！

布罗妮雅姐姐却在当时想起妹妹多年来的辛苦生活情况，一幕一幕回忆，就好像走马灯似的在她的脑海里旋转着。

想起妹妹那时在巴黎的阁楼顶上用功、忍饿甚至病倒的情景，而今却已成了两度获得诺贝尔奖的大学者，一切真像是在梦中一样。

死去的父母，如果能知道玛丽有这样的成就，该会多么的欣喜啊！

【心理描写】表现了布罗妮雅对玛丽所获成就的欣慰，同时她也心疼妹妹的付出。

她立刻又想起，牵着刚满10岁的玛丽娅手的亡母那张消瘦的脸。

唉，这已是34年前的往事了！布罗妮雅用白色的手绢擦着眼角的泪水。

至于玛丽本人呢？她心中究竟想些什么！

4年前曾与丈夫同访斯德哥尔摩，可是，仅一年多的时间皮埃尔就遭遇意外死去……如今，自己又在此地获得第二次的诺贝尔奖。玛丽在颁奖典礼后的讲演中曾说：

“今天，我能得到这份荣誉，完全是基于与先夫皮埃尔·居里共同的研究，因此，大家对我的奖励也直接是属于皮埃尔·居里的。”

【语言描写】获奖的玛丽时刻记着亡夫皮埃尔的成就和功劳，表现了她的谦虚，以及对皮埃尔的思念和爱。

她这一番推功于亡夫的心意，更得到与会人士一致的赞赏。

从斯德哥尔摩回到巴黎后，由于长期的疲劳，她病倒了。

她的身体本来就不是十分健康，又加上长时期的过度操劳，肾脏已很衰弱了。

【咬文嚼字】**操劳**：指劳心，费心，辛苦劳动的意思。

医生说，至少需要两个月的绝对安静和疗养，因此，她不得不使衰弱的身体休养一个时期。看着妹妹那副只剩皮包骨的瘦弱身躯，从华沙赶来探望的约瑟夫哥哥最为担心。

布罗妮雅和荷拉获悉后，也都赶来看她。

病魔似乎故意在玛丽的声誉正盛时来找麻烦。所有认识她的人和不认识她的人，都关心着这位女学者的健康状况。

【叙述说明】 玛丽前往英国疗养身体，为接下来发生那件使她出乎意料的事情揭开序幕。

由于一位热心友人的协助，玛丽暂时搬到临近英吉利海峡的一幢英国人的别墅去疗养。伊莲和艾芙也陪着母亲同往。

有一天，疗养中的玛丽，收到一封从华沙寄来的信。打开一看，这消息真是使她出乎意料。

【叙述说明】 在文章中起到承上启下的作用，波兰教授的拜访为下文做出铺垫。

原来俄国派驻波兰的总督最近的态度变得缓和了，所以，波兰人立刻想建立一所放射能实验所，并且准备邀请玛丽担任指导员。不久，波兰各大学的教授代表们纷纷来拜访玛丽。

世界著名的波兰第一流小说家亨利·中维基，在世时发表了一篇有名的文章《波兰热望玛丽·居里归国》。

【心理描写】 表现了居里夫人复杂的心理活动，一面是念念不忘的故乡，另一面是她和皮埃尔一起奋斗过的地方。

玛丽这时也很想离开法国，而投返自己怀念着的祖国。

在皮埃尔生前，法国对居里夫妇一直就是冷淡的。他们甚至于对两度获得诺贝尔奖人的希望也置若罔闻，所以，至今还是让她在那不完备的环境中工作。

与其客居他乡，在恶劣的环境下苦斗，还不如浸浴在祖国同胞的热情中努力奋斗。

玛丽费尽心思去考虑这个问题，结果认为，无论多么痛苦或辛酸，自己还是应该停留在皮埃尔永眠的巴黎土地上。

为了报答人们的关怀，她回信中答应选送她的两名最优秀的助手去波兰，而自己则在遥远的巴黎给予他们指导。

1913年，尚未完全康复的玛丽，为参加华沙放射能馆的落成典礼，亲自远行赴会。华沙为了欢迎这位世界第一位女科学家，举市沸腾。

玛丽每逢聚会时便强调：

“被外国人控制的波兰国民，为了保护行为端正而智识卓越的人们，还需要跟许多困难斗争。不合理的事情总有消灭的时候，祖国的黎明不久就会来临的。”

这次旅行中，玛丽最感到欣慰的莫过于与一位白发老妇人的重逢了。这位老妇人，便是玛丽在中学时代的校长希克尔斯佳女士。

“老师，久违了。”

30多年的离别就如同昨日的事，两人不禁相拥而痛哭失声。人们看了这动人的情景，都报以热烈的掌声。

这一年的秋天——

玛丽又被英国邀请，前往伯明翰大学去接受名誉博士的学位。回到了法国，这儿又有一件好消息在等待着她。

阅读笔记

【语言描写】玛丽不但自己心怀对祖国的无限热爱，还不忘激励其他的波兰国民，为他们注入希望。

【场面描写】描写了玛丽和少年时代的恩师阔别多年后重逢的感人场面，简洁生动。

【叙述说明】

交代了“镭研究所”的诞生，这是居里夫人盼望已久的。

【咬文嚼字】

落成：原指古代宫室建成时举行祭礼，后指建筑工程完工。

那是盼望了很久的“镭研究所”，在索尔本大学校长里雅博士和有名的巴斯多乌鲁研究所所长卢博士的共同努力下，即将实现了。

这个研究所预定分为两个部门：一是放射能研究所，由玛丽指导；二是生物学研究和居里疗法的实验所，由克劳多·鲁哥教授研究癌及其治法。

1914年7月，由建筑家那诺设计的新式研究所——居里馆终于落成了。

拓展阅读

名师点拨

玛丽获得了两位好心人的资助和帮忙，帮助她一起完成了“镭”的单独分离。她也因此第二次站上了诺贝尔奖的领奖台。

回味思考

1. 女儿伊莲、姐姐布罗妮雅和玛丽3人在诺贝尔的颁奖现场分别有怎样的心境？

2. 居里夫人在故乡和法国之间犹豫不决，最终做出了什么决定？

好词收藏

援助　感触　旋转　欣喜　遭遇　赞赏　探望　疗养

好句积累

◇ 一生之中两度荣获世界最有名的诺贝尔奖，这是多大的荣誉啊！这是前所未有的例子，恐怕日后也很少会有的吧。

战 乱

名师导航

在居里夫人事业的上升期，却赶上了战争的爆发。此刻的居里夫人会做何选择？随大流避难，还是留在巴黎继续工作？她又会做出哪些令世人敬佩和赞叹的举动呢？

玛丽已恢复了健康，盼望着的实验室也已完成，正在预备着手新的研究的当儿，第一次世界大战突然爆发了。1914年6月28日，由奥地利领地萨拉波的一个角落上，响起的两声枪声成了导火线，战火立即传遍了整个欧洲。

7月的欧洲人民被接连而来的动员令和宣战的消息，搞得惶惶不安，也都不能安心工作。到了8月3日，因为德国向法国宣战，法国人民便也终于卷入战争的旋涡中。

【社会环境描写】对当时世界大战的欧洲战况进行了描写，让读者大致了解该时期的社会背景，为下文做铺垫。

冲破了比利时领土的德军，以破竹的来势侵入法国,法军到处败北,战火一天天地逼近巴黎。

这一年夏天,玛丽本预备写信给住在布鲁丹尼别墅的两个女儿,告诉她们办完事就去跟她们共度假期,可是,现在还有什么心情去度假呢!于是她赶紧给女儿们写了一封信。

亲爱的伊莲及艾芙:

我所担心的事情竟成了事实。战争一起,妈妈恐怕不能到你们那儿去了。不过,千万别害怕。今后也许不能自由通信了,你们不必担心,德军已通过了比利时,法国恐怕难免要苦战一番,波兰也被德军占领了,姨妈们的音信已经断绝。

【叙述说明】通过居里夫人给女儿写的信可见当时情况危急。

动员令一下,所有的男人都被召派赴了战场,玛丽的研究室便只剩下一个多病的男人和两个女用人。于是,研究所不得不关门大吉了。在和平来临之前,一切都得停止啊。

玛丽锁上了研究室的门,捧着一块宝物——1克重的镭,乘上开往法国和西班牙交界的波鲁多的火车。

【叙述说明】玛丽在危机重重的战乱中却依然惦记着镭,表现了她崇高的科学精神。

火车里面尽是逃往波鲁多的政府要人。他们都在谈论着战败的情形,好的消息一点都听不到。

玛丽忧心忡忡地眺望着窗外。沿着轨道的公路上尽是些往西逃亡的汽车飞驰而过。

到了波鲁多,玛丽把装在厚铅盒中的镭存妥银行金库后,立即又乘上往巴黎的火车。

尽管有许多妇女都在向西方逃，但是仍有一个女人在这时候返回巴黎。

玛丽究竟预备干什么呢？

【抒情】
用设问句承接上下文，并设置悬念，引起读者的兴趣。

她坐上一辆军用火车，在士兵行列中，跟他们同啃着硬面包。在她脑子里早已计划好了一切。

每天从战场上有许多伤兵运往后方的医院。

这些伤兵的身体里有炮弹和子弹的碎片，可是却找不出它究竟在什么地方。玛丽想用新近发现的 X 光线把那些碎片找出来。

一到巴黎，她就把 X 光线治疗设备装载于汽车上，在战地医院和巴黎市的医院巡回着。

这种“放射线治疗车”是由汽车的马达发电的，所以，在车中便可以完成一切。而居里疗法——用镭的放射治疗肿瘍，也就被各医院应用了。

【解释说明】
居里夫人创新的治疗设备便捷而高效，很快就在医院中普及了。

“放射线治疗车”不够用，玛丽便以战争结束即还的诺言，向巴黎的贵妇借用了 20 来部的汽车。把它们统统改装成治疗车，其中她留了一部作为自己的专用车，她与司机并肩坐在车前面，穿梭在危险的战火中救护伤兵。

她曾在最激烈的战场贝丹及阿米安 · 伊布鲁等地，不畏炮火出生入死。

玛丽所组织起来的这个放射治疗班，分固定的及移动的共达 220 班，有百万以上的伤兵受到她的恩惠，可见这放射治疗对战争的功勋是多么大啊！

【抒情】
可见居里夫人对救助战争中的伤员贡献之大，抒发了对她的感激和赞美之情。

在 4 年的战争期间，玛丽一直不停地工作着。

1915年4月，玛丽所乘的专用汽车因刹车不灵而翻倒，她被压在机械底下，很多人都担心她的生命，可是，她竟出乎意料地只受了一点轻伤。

她把染了血的内衣藏在浴室，第二天又照常乘着治疗车回到战场去。

【叙述说明】 玛丽为战争贡献了自己的力量。

玛丽组织这种治疗车的消息，不久就传遍到协约各国，于是，为答应各方面的求援，更远赴比利时和意大利去。

玛丽来到野战医院后，因为她的穿着很随便，所以，年轻的护士小姐们都不知道她就是举世闻名的居里夫人，而常常被误会为女佣，随便吩咐她：

“喂，把那个铅桶拿过来。”

在比利时的奥古斯丁医院，玛丽被两位热心的护士和士兵深深感动，后来才知道这两位就是比利时国王和皇后，她更钦佩万分了。

【叙述说明】 交代了战争结束的具体时间，世界从此进入了一段和平的时光。

1918年11月11日上午11时。突然响起了和平的号角，5年来的大战结束了。

盼望着和平的欧洲人民，不分敌我地疯狂庆祝着这和平的来临。

对于玛丽而言，这声和平的号角，更意味着双重大喜事。

【抒情】 祖国奇迹般地独立了，玛丽内心的激动和欣喜无法抑制。

其一，是法国的胜利；其二，是波兰挣脱了150年来的奴隶桎梏，获得独立。

波兰独立！这就像童话中的不死鸟，从死灰中苏醒了过来一样的奇异！

5年来音讯断绝的哥哥姐姐们，也都平安无事。玛丽用因喜极而颤抖的手拿起笔写道：

约瑟夫哥哥、荷拉姐姐及沙巴克地方的各位朋友都无恙如故的消息，使我听了，如释重负。巴黎的人也都安全度过了此一大难关。

伊莲已经长大，并能志愿地做护士来协助我做“放射治疗”的工作了。

实验室的工作，虽因战事而告停顿，但却由于“放射治疗”而救了百万伤兵的性命，想到此，我便满足了。

当我听到波兰独立时，内心的喜悦是难以形容的！这不是生于幸福国度里的人所能体会得到的。

【抒情】

玛丽在其中抒发了自己得知祖国独立后无比激动的心情。

被枷锁困住多年的波兰国民，一旦能重见自由天日，这种快乐该怎么形容呢！不过，回想起这些事情来，波兰人民所偿付的代价也真够令人痛心的了。

要是我们认为波兰从此就能自由幸福地生活了，未免言之过早。我们还需要经过重重困难的考验。

【议论】

面对一个个好消息，居里夫人依然保持着冷静，客观地分析了波兰的状况。

战胜国对这次战争也有着很大的牺牲。法国的经济一蹶不振，而我个人的财产也因货币的贬值而大部分已损失掉。活到50多岁，我又恢复到一文不名哩。

距离退休尚有一段时间，这期间，我预备仍然继续索尔本大学的讲座和实验室的工作。

年轻人陆续复员，大概不久，实验室也可以恢复战前的状况吧。

我想尽可能地快些回到华沙去看自由波兰的新姿态。

拓展阅读

名师点拨

世界大战爆发，巴黎也被战火威胁着。玛丽不顾自身安危，留在巴黎用新技术救护伤员。5年后，战争终于结束，接二连三的好消息不断传递给了玛丽。

回味思考

1.战乱之中，居里夫人为什么要逆着人流回巴黎？

2.战争结束后，除了法国胜利，还有哪个消息让居里夫人倍感激动？

好词收藏

爆发　惶惶不安　旋涡　忧心忡忡　诺言　激烈

好句积累

◈玛丽已恢复了健康，盼望着的实验室也已完成，正在预备着手新的研究的当儿，第一次世界大战突然爆发了。

◈7月的欧洲人民被接连而来的动员令和宣战的消息，搞得惶惶不安，也都不能安心工作。

◈冲破了比利时领土的德军，以破竹的来势侵入法国，法军到处败北，战火一天天地逼近巴黎。

◈火车里面尽是逃往波鲁多的政府要人。他们都在谈论着战败的情形，好的消息一点都听不到。

◈尽管有许多妇女都在向西方逃，但是仍有一个女人在这时候返回巴黎。

◈她曾在最激烈的战场贝丹及阿米安·伊布鲁等地，不畏炮火出生入死。

记者麦隆内夫人

名师导航

因为一次记者的采访，居里夫人受到了关注和肯定。那么这位记者究竟是何方神圣？她与玛丽之间有哪些精彩的对话和故事？

1921年5月20日，下午4时，白宫会客厅的门打开了。首先走进会客厅的是法国驻美大使犹赛朗德，他挽着美国总统哈定的夫人；接着走进来的是当时的美国总统华伦·哈定，他挽着居里夫人；再后面的是波兰公使和麦隆内夫人、居里夫人的两个女儿和“玛丽·居里委员会”的一些知名女士。大厅里原来就站着许多人，包括科学家、政府官员以及美国和波兰侨民中的一些名流。

【叙述说明】交代了宴会举行的时间、地点以及出席的人物，反映了这场宴会的高规格。

居里夫人仍然穿着那件著名的黑色长袍（她曾穿着它领取了诺贝尔奖奖金），肩上披着一条有镶边的黑色披巾。她就是这次美国总统尊敬的客人。

首先，法国大使犹赛朗德简单地讲了几句表示感谢的话，接着是麦隆内夫人代表美国妇女界致辞。再接下去，总统开始讲话了。他说：

【语言描写】表现了社会各界对居里夫人研究成果的肯定和感谢。

“您曾有幸为人类完成了一桩重大的发现，今天，我受托赠送给您这1克镭。我们能认识并拥有镭，应该归功于您。我们相信，您有了这点镭，一定可以用来增加人类的知识，减少人类的痛苦。”

【叙述说明】总统将镭挂在脖子上，体现出他对镭的重视。

总统将挂有一枚金钥匙的绶带挂到居里夫人的颈上，这钥匙是用来打开放在桌上的那个桃木小匣子的，衬着铅皮的匣子里装有1克镭。

最后由居里夫人向美国总统和美国妇女界致谢。讲话完毕，来宾列队走过居里夫人身旁，向她致以敬意，仪式的最后一项是全体合影留念。

这是居里夫人和她的两个女儿美国之行最隆重的一幕。这次她们能到美国来访问并接受美国妇女界馈赠的1克镭，要得益于一年前一位叫麦隆内·玛丁妮夫人的一次采访，1920年初，居里夫人的好友、艺术家昂利-皮埃尔·罗歇告诉她，说有一位美国女记者想来采访她。居里夫人一口回绝，她用常规的回答告诉罗歇：

【咬文嚼字】**回绝**：比较明确地、果断地拒绝。

【语言描写】居里夫人经过前些年被大众过分关注的事件之后，对记者采访抱着反感的态度。

“我除了提供技术情报外，对新闻界一概不接待。”

罗歇说：

“我知道你的规矩，但是，麦隆内夫人不一样，你最好接见她，我相信你不会因为见了她而后悔的。你可以相信我嘛。”

没办法，她只好同意了。1920 年 5 月的一个早晨，居里夫人在镭研究所那间小小的会客室里接见了罗歇带来的麦隆内夫人。居里夫人见到随同罗歇进来的麦隆内夫人是一位身材矮小、头发灰白而且腿有点瘸的黑眼女人。罗歇做了介绍后，麦隆内夫人以少有的坦率接了一句：

【外貌描写】对麦隆内夫人的总体形象进行了描写，其貌不扬的外貌与丰富的内在形成反差。

“朋友们都叫我密西，您也这么叫我好了。”

麦隆内夫人是美国一家著名杂志《写真》的主编，也是一位在美国很有名气的大记者，她 39 岁，比居里夫人小 14 岁，小时候因为一次车祸，所以走路有点瘸。她很早就对居里夫人产生了崇敬的心理，但由于居里夫人厌恶记者而一直不能有采访的机会。这次通过罗歇，她终于实现了多年的梦想。罗歇十分了解这两位女性，他相信她们一旦萍水相逢，必将会上演一场威武隆重的好戏。

【咬文嚼字】**萍水相逢**：萍：浮萍；是随风飘荡，聚散离合不定的一种单子叶植物，像浮萍随水漂泊，偶然聚在一起。比喻互不相识的人偶然相遇。

果然不出罗歇所料，这两位同是伟大的女性从此成了莫逆之交。这应该归功于双方的伟大品格。麦隆内夫人后来在《居里夫人自传》的“引言”中，详细描述了她们的第一次会见。她写道：

【叙述说明】在文中起到了衔接作用，引出下文。

我在会客室等候了几分钟，看见会客室十分简陋。我原来以为这儿一定装饰有世界上最豪华的家具，宽敞明亮、舒适气派，但一切都和我预料的极不相同。

我等了一会儿，门开了，走进来一位面色苍白、十分羞怯的妇人，其神色之忧郁、面容之憔悴，是我从来没有见到过的。她身穿一件黑色棉织品衣服，她的双手虽然清秀，但十分粗糙，而且她有一种特殊的习惯性动作，就是用手指尖不断快速地摩擦手指节。后来我才知道那是由于镭的辐射引起手指的麻木所致。她面目姣美，在那仁慈和蔼、宽宏幽静的表情中，带着专心学问的人常有的那种心不在焉的表情。我突然觉得我似乎不该闯到她这儿来。

我几乎比居里夫人还要羞怯。我以记者为业已20多年，可是在这位毫无防备的黑衣妇人面前，竟慌张得问不出一句话来。我力图向她解释美国妇女对于她的伟大工作极感兴趣，还尽力说明我冒昧请见的理由。为了使我不感到拘束，她谈起美国来，说多年就想游历美国，但因不愿与女儿们分开，所以一直未能成行。她还说：

【语言描写】 居里夫人熟知美国各地拥有的镭的量，表现了她对这项事物的关心和了解。

“美国共有镭约50克，巴尔的摩有4克，丹佛有6克，纽约有7克……”

她如数家珍似的将所有镭的所在处缕述无遗。

我问：“法国有多少克镭？”

她立即回答说：“我们的实验室里只有1克多一点的镭。”

我惊呼道：“夫人，您只有1克镭吗？”

她立即更正说：“我？啊！我一点也没有，这1克镭是属于我们实验室的。”

阅读笔记

后来我谈到专利，说镭的专利的收入应该使居里夫人早已成为巨富，她似乎对专利并不在意，平静地对我说：“我们是为科学事业而做研究，不能想到专利。任何人都不应该利用镭能治癌而去致富,镭是自然界的一种元素,应该为世人所共有。”

【语言描写】 表现了居里夫人无私的奉献精神和崇高的科学精神,她做科研是为了全人类的福利。

居里夫人对科学的发展和对解除人类的痛苦,有那么巨大的贡献,却在她一生能做出贡献的大好时光,因为没有完善的设备而使她不能做出更大的贡献,真让人扼腕叹息!

当时镭的市价为每克10万美元。我还得知,居里夫人的实验室虽然是新建的,但设备并不充足,那里收藏的镭完全是用来制备镭射气管,供医疗之用的。居里夫人对她的自身生活并无怨言,但由于设备不足,使她和长女伊莲无法进行重要的研究工作,这是使她感到十分遗憾的事情。

【叙述说明】 说明了居夫人当时在科研工作中遇到的瓶颈和困难。

正是在这种强烈的反差下,麦隆内夫人一时激动起来,提了一个当时她自己还感到十分“愚蠢”的问题:

“如果您有什么愿望的话,您最大的心愿是什么?”

【语言描写】 麦隆内夫人这个“愚蠢”的问题最终促成了居里夫人心愿的实现。

居里夫人几乎脱口而出:

“1克镭。”

她似乎为自己的唐突感到不好意思,又补充说:

“我太需要1克镭了,以便继续我的研究,但是我买不起。镭的价格太贵了。”

麦隆内夫人看着居里夫人说这句话时平静的脸色,不由得感动得鼻子发酸,眼眶潮湿:一个自己发现了镭的人,却因为无私地出让了专利权而买不起镭!这是一种什么样的精神啊!也许正是因为这种

【心理描写】 表现了麦隆内夫人被居里夫人所感动,这也从侧面反映了居里夫人的伟大。

感动，她忽然想出了一个伟大的计划：她要回到美国去，大力宣传居里夫人的伟大发现和高尚的情操，然后向成千上万的美国妇女募捐，为居里夫人去购买那1克她本来完全有钱买得起的镭，用这种方法来表达美国妇女对居里夫人崇高的敬意。

居里夫人和麦隆内夫人正如罗歇所了解的那样，是两位具有许多相同之处的伟大女性。她们两人的身体都不怎么好，但却都具有坚强的意志。麦隆内夫人是一个医生的女儿，曾患过肺结核。她16岁就进入报界，干起了当时完全属于男人干的记者工作。她们两人都深知金钱的价值，但她们却都大公无私，日月经天，江河行地。居里夫人善于在人群中发现那些善良的、具有爱心的、能全力以赴投入事业的伙伴，她见到密西（麦内隆夫人的昵称）后，立即把她当作自己最知心的人，如同布罗妮雅一样。

【咬文嚼字】日月经天：太阳和月亮每天经过天空，江河永远流经大地。比喻人或事物的永恒、伟大。

事实证明，麦隆内夫人提的问题一点也不“愚蠢”。离开巴黎时，麦隆内夫人已经和居里夫人谈妥了她的“伟大的、激动人心的计划”。

【叙述说明】引出下文，麦隆内夫人想为居里夫人获得“1克镭”的伟大计划将要展开。

居里夫人虽然一贯忌讳谈钱，然而法国战后的经济萧条，使她看不出有什么更好的办法来解决研究经费这一紧迫的难题，更何况密西是那么高尚和富有同情心。她们还约定了通过电报告知募捐进展的情况，而且使用“暗语”，密西将她在纽约的电报代号取名为“理想主义”。

不到一年的时间，麦隆内夫人给居里夫人发来电报：

款已凑足，镭是你的啦！

接着是频繁的电报和信件，商谈如何从美国取回这1克镭。最后决定，居里夫人带上两个女儿乘船去美国，在美国除了领取那1克镭以外，还要从东到西穿越美国，沿途参观各著名大学、实验室；出席宴会，接受名誉头衔（有19个之多）和奖章（4个）；还要为各地妇女组织演讲和在学术团体做学术报告……总共得花6周的时间。

【叙述说明】罗列了居里夫人为期6周的美国行程，等待她的是她日思夜想的"镭"和无数的荣誉。

居里夫人要到美国接收1克镭和各种各样的荣誉，在巴黎被闹得沸沸扬扬，她的朋友、助手和学生们都为她高兴，但法国当局却感到十分尴尬：居里夫人受到美国各界的如此重视，而且说哈定总统还要亲自赠送那1克镭，可是在法国，居里夫人竟然还不是科学院的院士，这叫美国公众如何去想呢！为了弥补这一明显的缺陷，法国政府决定授予她一枚十字勋章，但居里夫人拒绝接受这一荣誉，并建议将这枚勋章授予麦隆内夫人。

阅读笔记

巴黎人再次为居里夫人而激动起来。他们似乎有种健忘症，忘记了前几年对居里夫人所做的忘恩负义的毁谤。巴黎《天下事》杂志社决定在巴黎歌剧院为居里夫人举行一次盛大的欢送会，而且也是为镭研究所募捐的义演盛会。法国著名演员、剧作家

【叙述说明】交代了欢送会的地点、目的和举办人等信息，表现了法国人此刻对她的尊敬和重视。

及导演萨沙·吉赖负责组织这次盛会。

演出大获成功，居里夫人在麦隆内夫人的帮助下，又一次征服了法国人。这一次人们对年已54岁的“镭之母”，表示了最高度、最纯正的敬意。居里夫人在法国科学界的地位，已经不再有人说三道四、叽叽喳喳了。人们对于她仍然不是法国科学院院士一事，表示的只是对科学院不屑的冷笑和遗憾。

【咬文嚼字】

说三道四：形容不负责任地胡乱议论。

拓展阅读

名师点拨

通过居里夫人的一位友人，麦隆内夫人得到了采访她的机会。两人因为相似的经历和性格，一见如故，惺惺相惜。麦隆内夫人最终帮助居里夫人受到了更多人的肯定和赞赏。

回味思考

1.居里夫人在美国的一场宴会中获得了什么馈赠？
2.居里夫人和麦隆内夫人有哪些相似之处？

好词收藏

名流　尊敬　赠送　敬意　常规　接见　坦率　萍水相逢

好句积累

◈ 居里夫人仍然穿着那件著名的黑色长袍（她曾穿着它领取了诺贝尔奖奖金），肩上披着一条有镶边的黑色披巾。

◈ 居里夫人见到随同罗歇进来的麦隆内夫人是一位身材矮小、头发灰白而且腿有点瘸的黑眼女人。

美国之行

名师导航

居里夫人已经确定要前往美国接受荣誉和馈赠。那么这段远行怎样开始？她在美国的日程如何安排？在这个遥远的国度她度过了怎样难忘的6周时间呢？

5月4日，居里夫人和她的两个女儿乘坐白星轮船公司的“奥林匹克号”轮船离开欧洲前往美国。在船上，她们受到了船主殷勤的招待，他亲自将她们母女送到她们的卧舱，这卧舱是专门为新婚夫妇蜜月旅行设置的。

【咬文嚼字】

殷勤：常用于表示巴结讨好等。

5月11日，她在船上给佩兰夫人写过一封信，信上写道：

亲爱的亨利爱特：

我在船上收到你写的亲切的信，它给了我很大的安慰，因为我离开法国做这次不合我口味和习惯的远游，心里不能没有顾虑。

【心理描写】因为居里夫人内心的不安和抵触，海景仿佛都变得不那么迷人了。

我不太喜欢这次远渡重洋的航行，大海显得忧郁、阴暗、很不平静。我虽没有病，可是觉得头晕，我大部分时间都留在房间里。而我的女儿们似乎很满意。麦隆内夫人也和我们在一起旅行，她们和她相处得很融洽，她真是和蔼极了，友善极了……

一个多礼拜以后的一天，“奥林匹克号”开始鸣笛，似乎为10多天海上漂流的结束，如今又回到陆地岸边而高兴和激动。远处的高楼逐渐在雾霭里显现出来，那尊由法国人于1886年送来的自由女神像逐渐清晰，她那高举的火把在90多米的高空似乎直戳天际。

【环境描写】自由女神像的出现，标志玛丽美国之行正式开始，而那直戳天空的火把，也象征着玛丽对人类伟大的成就和贡献。

虽然对以后的日子该如何度过，居里夫人依然忧心忡忡，但到了岸总是让人高兴的事。码头上人声鼎沸，鲜花的海洋在码头上涌动；数不清的学生、童子军、波兰侨民代表团、各界妇女代表团……在阳光下鹄立欢迎。乐队交替地奏着《马赛曲》、《星条旗歌》和《波兰国歌》。人们挥动着小旗、标语牌、红白两色玫瑰花束，高声欢呼；闪光灯此起彼落，让人眼花缭乱，目不暇接。热情、豪爽、好激动的美国人早就在码头迎候，他们被近些的报上所宣传的事迹所感动，都想前来一睹“镭之母”和“人类救星”的风采。

【场面描写】对迎接居里夫人的热闹现场进行了描写，表现了美国人对她的热烈欢迎。

但当他们看见居里夫人沉默寡言，穿着朴素，双肩微驼，满脸皱纹而且十分憔悴时，他们原有的、虚幻的偶像似乎“轰”的一声坍塌了，在美国，大部分人以追求财产和名声为人生的终极目标，如今看见居里夫人如此衣着寒酸，而且疲倦怯弱，对记者的提问默不作声，不免大为失望。但据报纸上的宣传，人们还知道居里夫人拒绝百万重金的专利收入，而宁愿自己过清贫的生活，这使得以追求财富为光荣的美国人感到震惊、迷惑；但在亲眼看到安贫乐道的居里夫人以后，他们的震惊、迷惑逐渐转变成尊敬、钦佩。原来的热情经过一番迅速的反思，立即转变成更理智、更丰实的热情，其热烈的程度更有过之而无不及，而且更持久长远，他们向居里夫人表示：美国人对她有一种真诚的崇拜，把她看作当代最优秀的一流人物；美国人民虽然非常务实，但他们并不缺乏理想主义，他们由衷地钦佩、赞扬居里夫人那种使他们深深感动的生活态度——轻视财富、名利等利益，献身于智力的热情和热心于为民众服务的精神。

【叙述说明】

务实但不乏理想主义的美国人在亲眼看到朴实的居里夫人后，内心产生了更纯正的敬意。

接下来的日子里，居里夫人乘坐专车，到一个又一个妇女团体和科学团体做演讲、听介绍；参加一个又一个的宴会，从卡耐基音乐大厅到豪华显贵的华尔道夫饭店，从纽约城北的西点军校到市内的自然博物馆……

【叙述说明】

罗列了居里夫人在美国满满的行程，表现了她的辛苦，也反映了美国人对她的重视和尊敬，将她视为贵客。

整天不停地活动、奔忙、讲话、赴宴，真让习惯于独自安静地在实验室工作的居里夫人无法适应，而且她那孱弱的身体也已疲倦得无法承受。有一次，

【咬文嚼字】

狂热：指有极度热情的。

一位狂热的崇拜者和居里夫人握手时，因为激动而握得太有力和时间过长，竟把她的手握伤了，她不得不在以后的许多天里，用三角巾将右手臂吊起来。

居里夫人实在力不从心，于是对于有些场合的宴会，就让伊莲和艾芙去“代行职责”。

接受名誉头衔这样比较严肃的会议，一般由伊莲去，艾芙则多去赴宴会之类的活动。艾芙与姐姐伊莲不一样，她不像姐姐那样不讲究穿着，而且对抽象、枯燥的物理学也兴致勃勃；她喜欢打扮自己，常常头戴一顶漂亮的小帽，身着时髦的衣裙，还喜欢抹粉擦脂，让妈妈无可奈何；她说她是艺术家，不打扮不行。艾芙态度优雅，口齿伶俐，善于交谈，因此让她“代行”某些“职责”，那真是投其所好了，而且她也颇以此扬扬自得。

【外貌描写】

小女儿艾芙同姐姐伊莲性格相反，她喜欢将自己打扮得漂亮得体。

在不同的宴会上她的出现，恐怕会让出席宴会的主人们得到更多的满足，她可以和她们谈笑风生地大谈镭的典故和种种让主人们感到惊讶的逸事，而如果居里夫人本人出席，反倒会使局面难堪、沉闷。尽管如此，主人们想见的仍然是居里夫人本人，为了解决这一矛盾，居里夫人有时去应个卯，稍坐片刻，然后再留下艾芙去“代行职责”。这种两全其美的方法，倒还真让双方皆大欢喜。

【叙述说明】

交代了居里夫人获赠镭的日期，同时，引出下文那段令人感动的对话。

5月19日，是总统接见的前一天。在招待会后，麦隆内夫人到居里夫人住的客房里，把镭的赠送文本交给居里夫人审阅。居里夫人戴上眼镜看完以后，说：

“密西，”她们之间的称呼已毫无拘束，“文件还得做点修改。”

“哪儿要修改？”

“是这样的，密西，美国赠送给我的1克镭，应该是赠给我的实验室，而不能说赠送给我个人。按文件现在的写法，那在我去世后，它就成了我们家的私人财产，成了我女儿们的私有物了，这是绝对不行的。这1克镭应该永远属于科学，无论我生前死后都只能如此。”

麦隆内夫人感到有点为难，说：

【咬文嚼字】

为难：难以应付，办事棘手，不好解决。

“修改没问题，但是必须要有律师在场……”

“密西，那就请你去找一个律师来。”

“可是，玛丽，还得捐赠人同意才行。”

居里夫人毫不通融：

“那就请你去找到捐赠人。麻烦你了，但是请你务必理解我的请求。”

“明天不行吗？”

“最好马上修改……”

【语言描写】

表现了居里夫人不谋私利，时刻为大局着想的美好品性，也表现了她坚定的决心。

麦隆内夫人深知居里夫人的秉性，只好立即找来律师和两位捐赠人的代表（其中一位是当时的副总统柯立芝的夫人），当天夜晚修改妥当。这件事美国人当时并不知道，如果知道了，报纸杂志上说不定又要做如何轰动地宣传了。

5月28日，居里夫人到位于纽约市莫宁赛德高地

【叙述说明】罗列了居里夫人在美国获得的名誉、头衔和奖章，这与下文提到的无动于衷的哈佛大学形成对比。

的哥伦比亚大学接受该大学授予她的名誉博士学位。这以后，她还接受了耶鲁大学、芝加哥大学、宾夕法尼亚大学、西北大学、匹兹堡大学……共12个名誉头衔，以及获得了本杰明·富兰克林奖章、约翰·斯考特奖章以及吉布斯奖章。只有被喻为“无所不知、上帝敬畏”的哈佛大学没有接待居里夫人，那是因为那儿有她的老对手玻特伍德教授在那儿，他一直对居里夫人心存芥蒂。但哈佛大学的故意冷淡，却遭到了该校物理系全体师生的一致抗议。

居里夫人在美国游历时，还特别对美国大学教育和科研情况做了认真的考察，在自传中她写道：

【叙述说明】居里夫人在考察了美国大学后，总结了美国人与法国人教育观念的不同。

美国的女子学院或大学，能鲜明地表现美国的生活和文化，因参观时间短促，我无法对他们如何讲授知识及训练，得到可靠的认识。但即使如此，我仍然发觉美国人对女子教育的观念，至少和法国人有两点不同之处：一是对学生的健康十分重视，因而注意体育训练；二是尊重学生的个性与主见，因此重视学生自由独立结社的活动，认为这些活动可以促进学生在这方面的发展。……大部分学生的母亲们认为，大城市如纽约的环境，极不适于青年子女教育，赞成到乡间空旷之处去生活，那儿既适于子女身体健康，又使之读书有安静的心情。

【叙述说明】表明了居里夫人对美国式毕业礼的赞赏，引出下文。

居里夫人对美国大学授学位典礼的隆重，十分赞赏，颇以为是。她写道：

美国大学举行典礼之事，较诸法国略为频繁，亦为大学生活中一重要部分。每年举行毕业典礼时，尤为庄重，全体大学职员、毕业生都要穿学位袍、戴学位帽，排列成队，游经学校各处。然后，集中于大礼堂，由校长朗读获得学士、硕士和博士学位人的名单。中间还夹以几段音乐演奏。然后，请大学中的教授或校外名流做演说，演说之内容皆为推崇教育之理想目的，以及为人类谋福利之意义，并不时插入一些美国的幽默、诙谐语句。这种典礼，深刻动人，对于联络毕业同学彼此间的感情十分有益。

【场面描写】

居里夫人描绘了美国毕业典礼时隆重且丰富的仪式和活动。

我们知道，居里夫人一生几乎都是在实验室度过的，因而在美国期间，她特别重视对美国各地的实验机构的考察。对此她写道：

【抒情】

居里夫人在自传中表达了自己因为没能充分参观美国实验机构而产生的遗憾之情。

我最惋惜的是没有充裕的时间参观各实验室和科学研究所。但在少数几次时间短促的参观中，仍然得益不少。我看见美国人对于科学事业的发展尽心尽力，所有设备都十分完善。不仅正在新建许多实验室，即使是旧有的实验室也都备有极新式的仪器。其场地之宽敞，从不使人感到狭窄或局促，不像我们在法国常常感受到的那样。经费来源多为私人捐赠，以及各种不同的基金提供。此外，还有一个全国性的研究院，也是由私人捐款建立的，该院以激励及发展科学之研究为主旨，并维持其与工业上的联络与合作。

【叙述说明】交代了居里夫人美国之行结束的时间和离开方式，为这次的旅程画上句号。

6月28日，居里夫人到美国的整个活动结束，她和两个女儿登上了开往法国勒阿弗的轮船。还是来时的那艘“奥林匹克号”。她的舱房里堆满了电报和花束。

麦隆内夫人和居里夫人在船上道别时，周围挤满了新闻记者，居里夫人低声说：

【语言描写】居里夫人和麦隆内夫人告别的语气，表现了她们之前深厚的情谊，以及她的依依不舍。

“密西，让我再瞧你一眼。我最亲爱的朋友……恐怕我以后再也见不到你了。”

居里夫人患有严重的白内障，晶体日益混浊，她认为不久她将会全部失明。

两个孱弱而坚强的妇女，紧紧拥抱在一起，低声啜泣。她们都认为今后见面机会的可能性很小，此别也可能是永别。当时她们谁都没有想到，8年之后的1929年，这两位不屈的女性又相逢在美国，这次是从另一位总统胡佛手里接受美国人民再次赠送1克镭的捐款，这1克镭是应居里夫人之求，由麦隆内夫人出面让美国人捐送给她的祖国波兰的放射性研究所的。

阅读笔记

拓展阅读

名师点拨

居里夫人带着女儿,乘着游轮正式开始了美国之行。美国人民热烈欢迎了她,并为她安排了满满的行程。两个女儿为虚弱的玛丽分担了不少应酬。

回味思考

居里夫人对美国式教育观念有什么看法?

好词收藏

殷勤　设置　清晰　人声鼎沸　眼花缭乱　目不暇接

好句积累

◈ 一个多礼拜以后的一天,“奥林匹克号”开始鸣笛,似乎为10多天海上漂流的结束,如今又回到陆地岸边而高兴和激动。

◈ 居里夫人实在力不从心,于是对于有些场合的宴会,就让伊莲和艾芙去“代行职责”。

◈ 艾芙态度优雅,口齿伶俐,善于交谈,因此让她“代行”某些“职责”,那真是投其所好了,而且她也颇以此扬扬自得。

尽职尽责的居里夫人

名师导航

玛丽在美国大获成功后，在法国也受到了敬仰，被任命为某委员会的副主席。那么，在任职期间，她做了哪些令人称道的事情？

居里夫人从美国回来后，在法国成了最受敬仰的伟人，她在全世界的名声也越来越大。

1922年2月，居里夫人“不用参加竞选”就自动地被选为巴黎医学科学院的“自由合作”院士。同年5月份，国联理事会决定邀请居里夫人为国际文化合作委员会委员，后来她又当选为该委员会副主席。

【语言描写】借着同期选入委员会的爱因斯坦之口，表现了这个组织的颓败和无用。

爱因斯坦也是委员，他以不屑的态度说：

“这个组织同其他国联组织一样，徒有虚名。这是我所有干过的工作中最无效的工作。”

居里夫人也有同感，但她的一贯作风是说干就坚持干到底，尽可能干出点名堂来。她虽然也为合作委员会的效能烦恼，但她又认为：

“无论日内瓦的国际机构如何不完善，它仍然是一个值得支持的伟大事业。”

由于她的认真，她在任这个职务期间，仍然完成了许多预定的目标。

首先，为了改变“全世界科学工作的无政府状态”，她终于使得科学界的同行们同意进行一系列改革：统一科学符号和术语；统一科学出版物的开本；统一各杂志发表的著作摘要；拟定各种常数表；还有，为了使得全世界各国科学工作者便于搜集已有的研究资料，应立即科学地整理各种书目，等等。

【叙述说明】 罗列了居里夫人在任职期间的所作所为，表现了她的尽职尽责。

这些事情看起来似乎是一些鸡毛蒜皮的小事，但其结果对科学的进步却起了决定性的作用。

其次，为了让一些处境困难而又很有天才的科学家走出厄运和困顿（如她和皮埃尔当年那样），她曾花费大量的时间去奔波，以期能建立国际科学助学金。她在一篇报告中曾经大声呼吁：

【咬文嚼字】 **奔波**：指辛苦，忙忙碌碌地往来奔走。

社会的兴趣何在？难道它不应该赞助科学事业的发展？难道它已经很富裕，可以牺牲将对它有所贡献的事业？但我却相信，真正科学事业所需要的才能的总体，是一种无限贵重而又极为脆弱的东西，是一种稀有的财宝；若丧失这种财宝，就是罪过，而且是荒谬的，我们应该关怀备至地照料它，以便给它一切成长的机会……

【叙述说明】表现了居里夫人对科学研究的敏锐预见性。

再次，居里夫人已经预见到（或者说从美国的实验中看到），科学研究的作坊式时代已经结束，科学已经走向现代化时代。它需要的是越来越宽敞的实验室，需要越来越庞大的科学研究工作者队伍，需要越来越庞大的设备和机器。因此，居里夫人提出科学家必须用新的投资方式进行科学研究，她当时的设想实际上就相当于今日的“研究合同”。

【叙述说明】交代了第一个研究合同实现的时间和主要任务。

1939年，约里奥（伊莲的丈夫）和F.佩兰（佩兰的儿子）就利用合同方式高价出售开发原子能的一项发明。根据合同，科学家有权监督利润的使用情形，以合同保证这笔资金自动用于科学研究的再投资中去。

这种研究合同的实现，使居里夫人的夙愿得以实现：科学家既不为谋私利而从事研究，但又可以由此获得必需的工作条件，使利润回报于科学，不至于使科学家像她当年那样陷入极端的困境，以至差一点功亏一篑！不少科学家并不赞同居里夫妇那种斯巴达克式的自我精神，例如赛格雷就说过：

阅读笔记

“……镭气有商业价值，这是很清楚的。然而，居里夫妇决定不准备对他们离析这种物质的任何过程申请专利，这与他们的信仰是一致的，这已经被引以为崇高思想的证明。按我的看法，虽然在对待科学发现专利的道德方面各人持有不同的观点，但是在拒绝接受一个人由于本人的工作而得来的利益上面，却没有特殊的美德。”

【语言描写】表现了赛格雷对居里夫妇当年放弃专利这种做法的不屑和反对。

想必这种看法在居里夫人在世时就有人向她陈

述过了，所以她曾对此事表示了自己的观点：

“……我的许多朋友坚持认为，如果我们保留了我们的专利权，就可以获得必需的资金，建立一个设备完善的镭研究所，而以前曾经阻碍我们两人和现在仍然阻碍我的种种困难，都可以避免。朋友们说的都很有道理，只是我仍然坚信我们采取的态度是正确的。

“人类需要务实的人，这种人能由他们的工作取得最大的利益，但他们并不与人类普遍的利益相违背。但是，人类也需要理想主义者，需要梦想者，这种人醉心于一种事业，追求大公无私的目的，而将自身的物质利益完全放在一边，不予重视。

【语言描写】 居里夫人认为自己是理想主义者，是梦想家，是社会不可缺少的一类人。这类人醉心于大众的利益，而放弃私利。

“显然，这些理想主义者和梦想者没有享受财富的幸福，因为他们并不追求它。虽然如此，我们感觉一个组织得好的社会，应该设法对这些人的设备、经费给予充分重视，让他们的生活不因为物质忧虑而陷入困顿，使他们能自由而无牵挂地从事科学研究。”

最后，还有一点也必须给予充分注意的是，居里夫人在日益增加的社会活动中，曾一再呼吁人们应该关注对科学的评价这一大是大非的问题。

在20世纪30年代，整个西方社会已经有明显的征兆：智力生活开始分裂为两个极端的集团，一极是“文学知识分子”，另一极是科学家（最有代表性的是物理学家）。这两极之间互不理解，互相憎恶，互相挖苦，互相指责。文学知识分子把自己看成是独一

【社会环境描写】 交代了当时的文学家和科学家相互诋毁，相互挖苦的不良风气，这种社会背景的描写为接下来发生的故事做出铺垫。

无二的“知识分子”，认为科学家死守着一种浅薄无聊的乐观主义，没有意识到人类可怕的处境。在这些“知识分子”看来，科学家应该入“另册”，没有资格称为知识分子。

阅读笔记

居里夫人也碰见过这种“奇怪”的事。1933年她受托在西班牙马德里举行关于“文化前途”的讨论会，参加会议的大部分是来自世界各国的作家、艺术家。他们在会上声称：文化处于危机之中，而科学是造成危机的根源。

居里夫人听了不免十分惊骇，她立即表示不能赞同这些危言耸听的怪论。她说：

【语言描写】居里夫人表达了自己明确的观点，认为科学也是一种美，而不是危机的根源。

“世人认为科学也是一种高度的美，我赞同这种看法。一个在实验室工作的学者，他不仅仅是一个技术员，他还是一个怀有好奇心的孩子，在他眼前出现的种种自然现象，都像神话一样吸引着他。我们如果把科学的种种进步都简单地归结为机械结构、机器、齿轮装置（虽然它们自身也存在着美），那就大错特错了。

【语言描写】居里夫人表达了自己对冒险精神的理解和看法，体现了居里夫人勇敢、无畏的精神气概。

“有人认为冒险精神已经有在我们时代消失之危险，我无法苟同，也不能相信。在我的身边，我所见到的最有生命的东西，正是这种铲除不掉的冒险精神，它永远与好奇心联系在一起……”

这种“文学知识分子”和科学家之间不同的观点，到后来进一步演化为“两种文化”之间的争论。虽然两极的双方如今都有了更深的相互了解，知道他们之间有很大的互补性，但若想他们之间的分歧完全消失，仍得待以时日。

居里夫人在20世纪30年代就已经敏感地认识到了这一问题的重要性，是十分难能可贵的。

居里夫人在第一次世界大战后，虽然由于社会活动增多，她不能再像以前那样全身心地投入到科学研究中去，但从她发表的论文数量来看，仍然让人吃惊。从1920年（53岁）起直到1934年（67岁）7月去世的14年中，她仍然发表了27篇论文，占她毕生总论文数的39.1%，其他60.9%的论文是在1914年以前的17年中发表的。而她的5部专著，有4部是在1920年以后写的，两本传记还除外。

在1920年以后，由于镭的原子量已经确定，居里夫人的研究方向主要以下几个方面：

（1）放射性元素的衰变规律，这方面的论文有近10篇之多；

（2）原子结构，这方面她不仅发表了10多篇论文，而且还在她去世前一年写了一本有关这方面的专著《放射性物体α、β、γ三种射线和原子结构的关系》；

（3）放射性在医疗上的应用。

从居里夫人最后14年研究的内容来看，她的目光始终盯在物理学研究的前沿上，从不故步自封。这从她的助手约里奥和女儿伊莲的研究方向也可略知一二。弗雷德里克·约里奥是1924年由朗之万介绍给居里夫人的。开始，这位天才、勤奋的青年人在她

【议论】

文学知识分子和科学家之间的矛盾和分歧不是一时半会儿能够消除的，这将是一场长久的“战争”。

【叙述说明】

统计并列举了居里夫人晚年发表的所有文献，表现了她孜孜不倦的科研精神和尽职尽责的美好品性。

【叙述说明】

交代了居里夫人的助手的姓名和认识时间，为下文做铺垫。

的实验室里当研究助手，两年之后，约里奥成了伊莲的丈夫、居里夫人的女婿。约里奥·居里夫妇在居里夫人的直接指导下，迅速成长，很快成为新一代的优秀科学家。居里夫人后来体弱多病时，常为女儿和女婿的才干而暗自高兴，相信他们也一定会有大的成就，甚至可以像她一样获得诺贝尔奖。

【心理描写】表现了居里夫人对女儿女婿出色的才能感到自豪和欣慰。

约里奥·居里夫妇的研究方向，很长一段时间就是利用放射性研究原子的结构。

阅读笔记

1931 年，他们两人开始用e射线轰击波，通过“击破”原子的手段，来达到研究原子是如何构造的这一难题。他们两人在 1931 年底做出了了不起的发现，可惜由于对实验结果的解释出现偏差，失去了一次伟大发现的大好机会。

1932 年，英国人查德威克根据他们两人的实验发现，利用正确的思考方法发现了中子，查德威克也因此获得了 1935 年的诺贝尔物理学奖。不过约里奥夫妇并没有辜负居里夫人的期望，他们因为发现人工放射性元素，也和查德威克同一年获得诺贝尔奖，他们得的是化学奖。

【叙述说明】居里夫人的大女儿和女婿继母亲之后，再次获得此殊荣。

居里夫人任何时候都从不放弃科学研究的这种精神激励着研究所的每一个成员，成为她领导下的实验室的精神财富。这个所的一位女研究人员，曾经非常感人地描述居里夫人最后一年的工作情景：

“要想分离某种放射性元素，光靠白天的工作时间是不够的。居里夫人常常连晚饭都顾不上吃，留在实验室里继续工作下去。有一次，我们分离一种元素需要很长的时间，因此我们需要通宵达旦地工作……

“已经是早晨2时了，但一道分离液体的程序还有待完成。居里夫人守在机器旁，她的整个灵魂已经融入工作中去了，她已经羽化成仙……”

这种“仙境”是一种什么样的境界呢？吉鲁德曾说过：

“玛丽最大的乐趣是全神贯注于实验，把误差缩小到零。这时的她犹如一名潜水员，深深地沉入寂静的世界，周围的任何声音都消失了，甚至连自己的声音也不存在，她专注地计算着，感到陶醉，感到其乐无穷。”

【咬文嚼字】

通宵达旦：通：整个；宵：夜间；通宵：通夜，整夜；达：到；旦：天亮。意指整整一夜，从天黑到天亮。

【语言描写】

通过吉鲁德先生的话语，反映出玛丽在科研时候的专注和投入。

拓展阅读

名师点拨

居里夫人在担任委员会副会长的时候，完成了很多科学预定目标，以及多篇文献。与此同时，她还为文学界和科学界的斗争做出了理性的判断。更值得欣慰的是，她的大女儿以及女婿也都成长为很有才能的科学家。

回味思考

1.是否所有的人都对居里夫人的自我牺牲精神赞赏有加？如果有反对者，请举例说明。

2.文学知识分子和科学家之间有着怎样的矛盾和分歧？

好词收藏

敬仰　徒有虚名　名堂　鸡毛蒜皮　呼吁　功亏一篑

好句积累

◈ 居里夫人从美国回来后，在法国成了最受敬仰的伟人，她在全世界的名声也越来越大。

◈ 居里夫人也有同感，但她的一贯作风是说干就坚持干到底，尽可能干出点名堂来。

◈ 由于她的认真，她在任这个职务期间，仍然完成了许多预定的目标。

◈ 这些事情看起来似乎是一些鸡毛蒜皮的小事，但其结果对科学的进步却起了决定性的作用。

◈ 最后，还有一点也必须给予充分注意的是，居里夫人在日益增加的社会活动中，曾一再呼吁人们应该关注对科学的评价这一大是大非的问题。

◈ 居里夫人听了不免十分惊骇，她立即表示不能赞同这些危言耸听的怪论。

◈ 虽然两极的双方如今都有了更深的相互了解，知道他们之间有很大的互补性，但若想他们之间的分歧完全消失，仍得待以时日。

◈ 居里夫人在第一次世界大战后，虽然由于社会活动增多，她不能再像以前那样全身心地投入到科学研究中去，但从她发表的论文数量来看，仍然让人吃惊。

◈ 居里夫人后来体弱多病时，常为女儿和女婿的才干而暗自高兴，相信他们也一定会有大的成就，甚至可以像她一样获得诺贝尔奖。

◈ 居里夫人任何时候都从不放弃科学研究的这种精神激励着研究所的每一个成员，成为她领导下的实验室的精神财富。

生命的最末篇章

名师导航

渐渐年迈的居里夫人免不了病痛的折磨，那么是什么病症困扰着这位伟大的女性？她是如何度过这段“黑暗”时光的？最终的结局又是什么样的呢？让我们一起来陪玛丽走过她生命的最后一段时光吧。

任何力量，除了死亡，都无法将她与实验室分开。严重的白内障几乎使她绝望，她一想到因为失明而不能再进入伴随她30多年的实验室时，就会感到恐惧，就会不寒而栗。

1923年7月，她听从医生的劝告，接受眼科手术；后来又于1924年、1930年先后接受3次手术，这样总算使她避免了完全失明的悲剧。但即使如此，她的眼力衰减仍然日趋严重，后来她常常因视力模糊而跌跤或打破东西。在很多情形下，伊莲尽可能无言

【叙述说明】交代了居里夫人做眼科手术的时间和次数，反映了她被病痛折磨的现实。

地帮助她，使她仍能像视力好的人那样动作自如。可怜而好强的居里夫人，她是在向自己的命运做最终的挑战，她绝不甘愿承认自己成了一个不能再做实验的瞎子。

伊莲私下为妈妈这种“英勇而又残酷”的挑战感到伤心、难过，于是建议让助手们帮她使用显微镜和做一些测量，但妈妈对女儿的关心并不领情，她冷冷地回答说：

【语言描写】居里夫人不愿意让任何人知道自己的视力退化，这既是为了保护自己的一点自尊心，也是因为她不想麻烦更多人。

“不要让任何人知道我的眼睛坏了。”

她为了能继续完成实验，还自己创造了一种“盲人技术”，例如在仪器标度盘上做明显的彩色标记，用很大的字写教案以备讲课时用……有时她还利用盘问对方的巧妙办法代替她必需的观察……

开始也许有点效果，但到后来实验室的人都知道居里夫人的视力已经可怕的减退，但谁也不愿意让这位老人伤心而故意戳破她的“诡计”。于是这种令人伤心的游戏，就这样继续巧妙地玩下去。这是一出悲壮而又残酷的游戏，它绝对不比一位在战场上受到致命伤害却仍继续指挥大军战斗而不愿倒下的元帅逊色，只不过居里夫人导演的戏，在悄悄地、不露声色地进行。

【咬文嚼字】**不露声色**：声：说话的声音；色：脸上的表情。心里的打算不再说话和脸色上显露出来。

每一届索尔维会议她都参加，最后一次是1933年10月举行的第7届索尔维会议。使她感到非常高兴的是，她的女儿和女婿也都被邀请参加了这次会议。下一代已经奠定了他们在科学界的地位，这自然使她无比欣慰。

特别值得提出的是，居里夫人到了老年，仍然不忘波兰。1931 年她 64 岁时，还亲自到华沙主持镭学研究院的开幕典礼。

【叙述说明】
交代了她参加祖国某场开幕典礼的时间和她的年纪，表现了她自始至终的爱国心。

坚强的居里夫人由于长期忘我的工作，以及受到镭射线的辐射，身体越来越糟糕。在她早年研究放射性元素时，她和皮埃尔开始并不知道辐射对人体的危害性，因此经年累月受到辐射的伤害。

后来虽然也逐渐认识到这种辐射的危害性，但居里夫人对保护自己的措施却总是漫不经心。她严格要求学生们一定要用铅服保护自己，但她本人却总是违反规定操作。

【叙述说明】
一直醉心于镭的研究的居里夫人时常忘却自己的安危，这导致了她身体越来越虚弱。

吉鲁德说的也许很有道理：

“直到她生命结束时，玛丽一直对镭持这种态度：正如一位母亲，当别人告诉她，她光荣的宝贝儿子杀了人，尽管铁证如山，她却一概不信。”

但这个“儿子”却真正地伤害了它的“母亲”。居里夫人几次从险恶的疾患中逃脱出来，这与她坚强的意志有很大关系，但意志不可能法力无边、战无不胜。1933 年底，居里夫人再次病倒，这时她已经是 66 岁的老人了。

【叙述说明】
交代了居里夫人的病情，她再次病倒，翻开了她生命的最后章节。

由 X 光检查的结果得知，她患有严重的胆囊结石，她的父亲就是因为这个病开刀去世的。她害怕走她父亲的老路，因此决定不开刀，想靠调养来减轻病状。

以前她就经常低烧，但从没有注意过检查其中的

【咬文嚼字】

九霄云外：在九重天的外面。比喻非常遥远的地方或远得无影无踪。

原因，只要稍好一点她就宽心地到实验室去工作，把疾病抛到九霄云外。

但这一次她经常高烧，直烧得她头晕、恶心、颤抖、无法站立……她还想用以前对付疾病的方法，把它们不当回事。但艾芙却看出妈妈的病情有变，与往日的病大不相同，不能再像以前那样拖下去了。在她的坚持下，居里夫人终于同意找医生来进行检查。医生见到毫无血色的居里夫人，立即坚决地说：

【语言描写】

从医生坚决甚至带着强制性的语气中可以看出居里夫人病情的严重。

“你应该立即躺下休息！”

居里夫人听惯了这样的话，所以仍然不放在心上，照常每天往实验室跑。

1934年5月的一个下午约3时半，居里夫人感到自己实在不行了，她预感到自己可能会有一段时间来不了实验室，因此，恋恋不舍地抚摸着桌上的仪器。最后，她用非常微弱的声音对旁边的助手们说：

“我要回家……我在发烧……”

她走出实验室，在外面花园转了一下，还嘱咐花工一些小事，然后上汽车回家了。上汽车后，她还恋恋不舍地、深情地看了实验室一眼。这是她最后一次也是永远地离开了她的实验室，她那一瞥也是向实验室永远告别的一瞥。

【动作描写】

表现了居里夫人对她奉献了一生的实验室的恋恋不舍。

这次，她一反常态，非常驯服，毫不反对的就进了医院，想必是从身体内部传来的信息，使她知道这一次的病来势不善。

她的体温总是在40℃左右，医生们一时也弄不清她为什么高烧不退。直到最后从日内瓦请来一位医生才下了结论：

是爆发性恶性贫血。血液里的红白血球数目减少得非常快，这是一种无法控制和治疗的绝症。

但居里夫人却因此而放了心：不必为胆囊结石开刀了。她自己也知道她只能听天由命，因而根本不再为病情去操闲心。

【心理描写】表现了居里夫人看淡生死，平静而超脱的内心活动。

7月3日早晨，居里夫人最后一次用颤抖的手拿起温度表——体温突然下降！她微微笑了一下，艾芙连忙安慰妈妈说：

“这是病开始好的征兆，你一定快复原了……”

艾芙坐在妈妈床边，心中祈祷上帝保佑妈妈平安渡过这一关。过了一会儿，居里夫人看了一眼茶杯，想用茶匙搅动一下，忽然她像梦幻般地低声说：

“用镭，还是用钍制作……”

【语言描写】居里夫人在生命的最后一刻还想着自己的实验，令人动容。

接着是一些吐音不清的低语。艾芙惊恐地请来医生，医生想做抢救，居里夫人突然用微弱、但还清晰的声音说了她一生的最后一句话：

“不用了……让我安静点吧……”

她一生喜欢安静，讨厌闹哄哄地做一些实质上无用的事。

1934年7月4日凌晨，居里夫人的心脏终于停止了跳动。一位伟大的学者终于走完了她一生的坎坷之路。

【叙述说明】交代了居里夫人去世的具体时间，自此，一位科学界的巨星陨落了。

玛丽·居里的伟大灵魂，被上帝召回天国去了，病症是恶性贫血症，很可能是由于长期受到辐射而引起的病变。

全世界各国都以沉痛的心情报道了居里夫人去世的消息。世界各国的大学、科研机构、科学家的唁电不断向巴黎涌来。

【叙述说明】交代了居里夫人下葬的时间和地点，这对伟大的科学家夫妇最终得以一起长眠。

7月6日下午，在亲人好友的陪伴下，居里夫人被葬到了皮埃尔的墓地里。布罗妮雅和约瑟夫从波兰带来一把祖国的土，轻轻地撒在她的棺木上。

“玛丽，这是你所最爱的波兰的泥土。”

拓展阅读

名师点拨

居里夫人步入晚年，患上白内障的她视力退化，身体也越来越差。但她不愿告诉别人，依然马不停蹄地继续着自己的科学研究，直至生命的最后一刻。

回味思考

1.居里夫人为什么不愿意让别人知道她的病情？

2.为什么当别人告诉居里夫人“镭”的危害性的时候，她一概不言？

好词收藏

绝望　劝告　避免　明显　戳破　逊色　不露声色

好句积累

◇ 严重的白内障几乎使她绝望，她一想到因为失明而不能再进入伴随她30多年的实验室时，就会感到恐惧，就会不寒而栗。

阅读总结

YUEDUZONGJIE

《居里夫人的故事》读后感

人生是要面对挑战的，或多或少，或难或易，我们要用微笑去面对。而玛丽·居里，她为科学事业、为人类幸福而无私奉献的精神和高尚情操更是激励了一代又一代人。

居里夫人从小就失去了母亲，全家只靠父亲一人的收入维持生计。但她从不气馁、从不放弃，长大后做了一位波兰裔法国籍物理学家、化学家。1903 年和丈夫皮埃尔·居里及亨利·贝克莱尔因为在放射性上的研究和发现，共同获得了物理学诺贝尔奖。1911 年，因成功分离镭元素而获得诺贝尔化学奖，成为历史上第一个获得两项诺贝尔奖的人。

居里夫人曾被 7 个国家先后 24 次授予奖金和奖章，还曾担任过 25 个国家的 104 个荣誉职位。尽管一生中获得那么多荣誉，可是居里夫人却是一个淡泊名利的人。她把荣获的奖章让六岁的女儿当玩具，并且教导孩子说：“所有的荣誉就像玩具，只能玩玩而已，决不能永远守着它，否则就会一事无成。”

居里夫人的品格更像她的科学成就一样卓越。第一次世界大战时，别人都在逃离战火，而她却又带领着医疗小组，用她和丈夫发现的 X 光设备，投身到抢救伤员中，从一个科学家变成了一个舍己救人的白衣天使，那高尚的精神可歌可泣。

居里夫人的高尚品德值得我们每一个人学习，让人感动、催人奋进！

知识考题

一、填空题

1.玛丽·居里，通常被称为______________，波兰裔法国籍女物理学家、______________。她是研究放射性现象的先驱，在她的指导下，人们第一次将放射性同位素用于治疗__________。

2. 本书除了向读者描述了居里夫人的品质、____________、____________，以及她在科学领域取得的优异成绩外，还介绍了居里夫人用自己一生为人处世的崇高行为给女儿树立榜样，对女儿的教育也有许多独特的做法。

3.居里夫人于_______年出生在一个_______家庭。

二、选择题

1.居里夫妇发现了镭，他们之所以取得巨大成就，与他们的性格特点有必然联系。其主要方面是(　　)

A. 有坚韧不拔的精神。

B. 温和、沉静的性格。

C. 坚持纯粹研究观念，不谋求物质上的利益。

2. 作者说“人类需要务实的人，这种人能由他们的工作取得最大的利益……但是，人类也需要理想主义者，需要梦想者……”对这句话理解正确的一项是(　　)

A. 作者批评了那些在工作中获得很大利益的人。

B. “梦想者”是指那些一味空想而不去做的人。

C. 作者虽未批评通过工作获得很大经济利益的人，但更盛赞为理想和事业而忘我工作不计私利的人。

3. 居里夫人是世界上第(　　)个两次获得诺贝尔奖的人。

A.二　B.一　C.三

三、简答题

1.“在科学上我们应该注意的是事，而不是人。”这句话有什么含义？

2.有这样一个细节：“玛丽会乘此机会脱下鞋，把里面的沙子倒出来。”对于一个享誉世界的大科学家，这样的描写会不会有损居里夫人的形象？

参考答案

一、填空题

1.居里夫人；放射化学家；癌症　2.工作精神；处事态度　3.1867；教师

二、选择题

1.A　2.C　3.B

三、简答题

1.这不仅表现了居里夫人对待科学的态度，也是她伟大人格的真实写照。

2.不会。这个细节恰恰表明了她是一个“真”的人，一个喜欢过平凡生活的人，而不是活在光环中的神仙，同时也表现了居里夫人的平和心态。

图书在版编目(CIP)数据

居里夫人的故事 / (法) 玛丽 · 居里 著 ; 廉东星 编. 一北京 : 东方出版社, 2021.9
(世界经典文学名著)
ISBN 978-7-5207-2187-5

Ⅰ. ①居… Ⅱ. ①玛… ②廉… Ⅲ. ①居里夫人(Curie, Marie 1867-1934)－自传
Ⅳ. ①K835.656.13

中国版本图书馆 CIP 数据核字(2021)第 080691 号

居里夫人的故事
(JULIFUREN DE GUSHI)

著　　者: (法) 玛丽 · 居里
编　　者: 廉东星
责任编辑: 刘　军
出　　版: 东方出版社
发　　行: 人民东方出版传媒有限公司
地　　址: 北京市西城区北三环中路 6 号
邮　　编: 100120
印　　刷: 湖北恒泰印务有限公司
版　　次: 2021 年 9 月第 1 版
印　　次: 2021 年 9 月第 1 次印刷
开　　本: 715 毫米× 1020 毫米　1/16
印　　张: 14.625
字　　数: 176 千字
书　　号: ISBN　978-7-5207-2187-5
定　　价: 25.80 元
发行电话: (010) 85924663　85924644　85924641